Editorial

Liebe Pferdefreunde,

Foto: privat

eine große Messe ließ mich mit verschiedenen Trainern, Therapeuten und Pferdedienstleistern ins Gespräch kommen, aber die wichtigsten Kritiker waren für mich wieder einmal die Lebewesen, wegen denen es die Natural Horse überhaupt gibt – die Pferde. In meinem letzten Editorial habe ich die Problematik kurz angesprochen – die erlernte Hilflosigkeit. Nach dem Besuch dieser Messe wurde mir die Dringlichkeit eines großen Artikels wieder richtig bewusst. Denn dort stieß ich alle paar Meter auf Pferde, die diesen Zustand leben – ihre Menschen „sehen" diese antrainierte Hilflosigkeit nicht, schlimmer jedoch war, dass sie fühlbar war.

Yve Ehler klärt auf, was die erlernte Hilflosigkeit ist, wie man sie erkennt, diesen Zustand aber auch wieder positiv beeinflussen kann. Denn kein Pferdebesitzer kann wirklich wollen, dass sein Pferd solch einen Zustand durchleben muss. Es ist wie bei vielem, wenn die Kommunikation aufhört. Es kommt zu Missverständnissen und der stumme Partner hört in weiterer Folge auf zu kommunizieren. Es sollte durch Aufklärung wieder mehr Verständnis, Empathie und vor allem ein aktives Zuhören entstehen. Das oberste Ziel dieses Zuhörens: Was will mir mein Pferd sagen?

Zu einer gelebten Empathie gehört ebenso das Atmen, denn der Atem verbindet uns mit unserem Pferd. Akki Schubert bespricht und führt ein in die Welt des atmenden Dialogs mit unserem Pferd. Nadja Müller wiederum setzt sich mit der Frage auseinander, worauf ein Pferdemensch im Training mehr hören sollte – auf ein System oder auf die eigene Intuition. Sie reitet ihr Pferd mit einem Bosal, da es diese gebisslose Zäumung mehr als eine Gebisszäumung liebt. Wer mit Bosal reitet, sollte immer bedenken, dass das Bosal sehr gut an den Pferdekopf angepasst werden sollte, da der Hanger (Riemen zum Nasenband) knapp beim Auge des Pferdes liegt.

Mineralstoffe sollten in der Natur genügend vorhanden sein – meint man. Die Realität sieht anders aus. Die Wiesen (auch die Heuwiesen) sind zwar mit Mineralstoffen versorgt, jedoch mitunter nicht mehr ausreichend. Mineralstoffe sind aber für die Erhaltung unseres Körpersystems essenziell. Deshalb informiert Elke Malenke über Mineralstoffe und wie sie im Körper funktionieren. Dr. Christina Fritz gibt Tipps, wie man den richtigen Therapeuten für sein Pferd findet. Letztendlich entscheidet auch hier das Bauchgefühl und was das Pferd vom Therapeuten hält. „Aus der Sicht des Pferdes" ist eine neue Kolumne, in der Sandra Kitzmüller uns die Signale näherbringen will, wie das Pferd unsere Signale versteht, oder wie wir auf unseren Ausdruck achten sollten, damit es uns richtig verstehen kann.

Gute Therapeuten sind die eine Seite, aber man sollte immer bedenken, dass ein Übel unserer Zeit der Faktor Stress ist. Stress kann so weit gehen, dass er uns krank macht, sind wir ihm auf Dauer ausgesetzt. Gegenmaßnahmen sind in unserer Informationsgesellschaft zwar bekannt, aber wenden wir sie auch an, um dem Stress wirklich zu begegnen? Kirsten Fleiser war bei einem Seminar dabei, bei dem Dr. Kabsu Kim, ein Tierarzt, der in Deutschland studiert hat, aber in Korea eine Klinik betreibt, durch Stressmessung und durch Bewegungstherapie Krankheitssymptome bei Pferd und Mensch eindämmt. Vielen Dank an Kirsten Fleiser für ihre unermüdliche Arbeit zum Wohle der Pferde. Dry Needling ist eine Form der Akupunktur von Triggerpunkten, mit der Silke Kaupp, Physiotherapeutin, am Pferd arbeitet und über die Anwendung aufklärt.

Der Schwerpunkt dieser Ausgabe ist dem Thema Atemwegserkrankungen und deren ganzheitlicher Behandlung gewidmet. Stephanie Reineke beleuchtet Husten aus der Sicht der TCM und informiert, welche Symptome dementsprechend für welche Form von Husten stehen und wie man als Pferdebesitzer seinem vierbeinigen Partner durch Akupressur helfen kann. Eva Offers klärt über die Soletherapie und ihre verschiedenen Varianten auf. Das Wohl und die Gesundheit unserer Pferde hängt unmittelbar mit uns selbst zusammen, denn wenn es dem Pferd schlecht geht, geht es uns auch nicht gut. Die Unsicherheit, seinem kranken Pferd nicht helfen zu können und immer darauf angewiesen zu sein, dass ein Tierarzt vor Ort ist, ist oft sehr belastend. Wir können nur durch Aufklärung und Information diesen Zustand der Unsicherheit eindämmen. Bitte nicht falsch verstehen, der Tierarzt ist und bleibt immer der erste Ansprechpartner, wenn das Pferd krank ist. Wenn man aber Bescheid weiß, welche Erkrankung das Pferd haben könnte, kann man dem Tierarzt vorbereitet entgegentreten. Man nimmt der Situation einfach die Brisanz. Das Pferd ist ruhiger, weil sein Besitzer beruhigter ist, und der Tierarzt kann unbelasteter seinen Job machen. Denn ein sorgenvoller, nervöser Besitzer überträgt seine Emotion unbewusst auf sein Tier, und das macht dem Tierarzt die Situation nicht leichter. Entschleunigen wir auch diese Situation – zum Wohl unserer heiß geliebten Pferde.

Mit pferdisch-empathischen Grüßen

Eure Martina Kiss

PS: Wir freuen uns immer über Kritik und Zuschriften als Feedback auf Natural Horse (redaktion@naturalhorse.de)!

W0334927

Inhalt

04 Erlernte Hilflosigkeit
Wenn Pferde abschalten
von Yve Ehler

12 Atmen als Dialog
Wie Kommunikation über Atmung gelingen kann
von Akki Schubert

20 Effektives Training
Was wirkt – System oder Intuition?
von Nadja Müller

26 Mineralstoffe
– Elemente des Lebens
von Elke Malenke

32 Woran erkenne ich einen guten Therapeuten?
7 Tipps, den richtigen zu finden
von Dr. Christina Fritz

38 Aus der Sicht des Pferdes
Rempeln
Kolumne von Sandra Kitzmüller

42 Mit fokussiertem Entstressungstraining
zur Gesundheit von Pferd und Mensch
Erfahrungsbericht von Kirsten Fleiser

50 Dry Needling
Die Behandlung myofaszialer Triggerpunkte durch Akupunkturnadeln
von Silke Kaupp

Foto: www.adobestock.com/standret

Foto: Christiane Slawik

12 Atmen als Dialog

Foto: Christiane Slawik

64 Husten über TCM behandeln

Foto: Marie Schade

56 Atemwegserkrankungen
Was steckt hinter Husten & Co?
von Dr. Christina Fritz

64 Husten über TCM behandeln
Wie Akupressur helfen kann
von Stephanie Reineke

72 Soletherapie für Pferde
Wie gelöstes Salz bei
Atemwegserkrankungen helfen kann
von Eva Offers

78 Buchempfehlung
„TCM-Diagnostik in der
Veterinärmedizin“

79 Harrys Welt
von Harry, dem Verlagshaflinger

80 Impressum, Abo

Erlernte Hilflosigkeit

Wenn Pferde abschalten

von Yve Ehler

Stellen Sie sich vor, Sie kommen zu einem Pferd und es sieht Sie nicht an. Wendet seinen Blick nur nach vorn, und Sie fühlen die Leere in ihm und dass es sein erlerntes Programm in sich abspult, nur um nicht gestraft oder nicht beachtet zu werden. Traurig, nicht wahr? Doch wie ist es dazu gekommen, dass das Feuer in seinen Augen erloschen ist? Die Antwort: Das ist erlernte Hilflosigkeit. Wie aber kommt es zu dieser erlernten Hilflosigkeit, und kann man diese wieder in eine motivierte Sichtweise ändern? Ja, mit viel Geduld, Liebe und vor allem ohne Erwartung.

Foto: www.adobestock.com/standret

Als Pferdebesitzer in der heutigen Zeit ist man dank multimedialer Möglichkeiten in der glücklichen Situation, so schnell wie noch nie an zahlreiche Informationen zum Thema Pferdetraining und -gesundheit zu gelangen. Man sollte denken, dass ein Thema wie die erlernte Hilflosigkeit oder besser „erzeugte" Hilflosigkeit zur Vergangenheit gehört. Vielleicht rechnet man auch noch mit den Auswirkungen des Begriffs im Profisport oder bei eindeutig gewaltbetonten Szenen. Doch die Realität sieht anders aus – in unterschiedlichen Nuancen und Dimensionen begegnet einem das Thema leiser, vielfältiger, aber viel öfter als vielleicht vermutet.

Was bedeutet erlernte Hilflosigkeit?

In seinem Ursprung wurde der Begriff von dem amerikanischen Psychologen Martin Seligman 1967 etabliert. Dieser führte unter anderem Verhaltensexperimente mit Hunden durch und konnte entsprechende Rückschlüsse in Bezug auf Stress und Schmerzvermeidung ziehen. Ein wichtiger Punkt muss jedem bewusst sein: Hilflosigkeit ist nicht angeboren und darf somit auch nicht mit der natürlichen Bedürftigkeit eines jungen Tiers verwechselt werden. Erlernte Hilflosigkeit ist Resignation: im Inneren (psychisch) und oft auch im Äußeren (physisch) – eine Anpassung an eine individuell als ausweglos empfundene Situation.

Zunächst muss man betonen, dass viele Fälle dieser Anpassung vor allem im privaten Bereich oft aufgrund von Unwissenheit entstehen und sich schleichend entwickeln, da die Auslöser oft keine brutal plakativen sind, wie Reiten in der Rollkur oder gar Schläge.

Abseits der biologischen Grundbedürfnisse eines Pferdes, deren starke Einschränkung zwangsläufig und wissenschaftlich belegt immer zu Problemen führt, spielen bei den nicht so offensichtlichen Einflüssen auch vermehrt individuelle Faktoren eine Rolle. Je sensibler und introvertierter ein Pferd ist, egal aus welchen Gründen, desto weniger Aktion seitens des Menschen „braucht" es, dieses Pferd zu verunsichern und in die negative Anpassung zu bringen.

Erlernte Hilflosigkeit ist immer eine Stressfolge!

Bei dem Wort Stress sollte man nicht grundsätzlich an etwas Negatives denken. Auch das Pferd benötigt eine angemessene Menge an Stress, um gesund zu sein. Allerdings unterscheiden wir verschiedene Stressarten: Eustress und Disstress.

Eustress ...

... macht leistungsfähig und ermöglicht auch sportliche Leistungen.
... macht zuversichtlich, optimistisch und sogar teilweise glücklich durch entsprechende Hormone.
... bezieht sich auf einen kurz andauernden, bestimmten Zeitraum und wechselt sich mit entsprechenden Entspannungsphasen ab.

Disstress ...

... andere hormonelle Zusammensetzung als bei Eustress.
... entsteht als Antwort auf eine zu lange Stressbelastung.
... verändert mit der Zeit sämtliche Funktionen des Körpers und der Psyche – vom Muskelstoffwechsel bis hin zu Verdauung und Verhalten.
... Auch Pferde werden ängstlich, aggressiv oder depressiv und körperlich krank als Folge des chronischen Stresses.
... Erlernte Hilflosigkeit ist immer gepaart mit Disstress.

Generell: Es besteht ein fließender Übergang von der erlernten Hilflosigkeit zur Traumatisierung.

Kommunikation, Kommunikation, Kommunikation

Benötigt jetzt jeder Pferdebesitzer einen Pferdesprachkurs? Nein, das wohl nicht, doch auch wenn wir unterschiedliche Rassen, Temperamente und Individualfaktoren haben – ein ausgeglichenes, gesundes und nicht überfordertes Pferd hat, außer situationsbedingt, einen entsprechend weichen und entspannten Gesichtsausdruck, einen sicheren und harmonischen Platz mit Beziehungspartnern in seiner Herde und ist beziehungsfähig auch mit Menschen. Die beste Versicherung ist, sein Pferd so gut wie möglich lesen und verstehen zu können. Beginnend bei kleinen, aber immer länger andauernden Veränderungen der Mimik in Richtung Anspannung/Schmerz und spätestens bei negativen oder ungesunden Verhaltensänderungen sollte man als Pferdebesitzer hellhörig werden. Selbstverständlich müssen gesundheitliche Probleme entsprechend behandelt werden, doch auch hier lohnt es sich, genau hinzuschauen, wenn diese immer wieder auftreten oder ständig neue Symptome auftreten. Körper und Seele sollten niemals getrennt betrachtet werden. Man sollte sich alle Ebenen ansehen, warum ein Pferd immer triebiger oder aggressiver wird oder am Ende zwar viele körperliche Probleme hat, aber „so brav und ruhig“ ist.

Die Mimik des Pferdes ist ein wichtiges Kommunikationselement und kann früh Hinweise auf Unbehagen geben.
Foto: www.shutterstock.com_cctm

Ist ein Pferd in der erlernten Hilflosigkeit angekommen, wird es früher oder später physisch und psychisch krank, da das gesamte System des Pferdes immer mehr aus dem Gleichgewicht gerät. Wenn man sich bewusst macht, dass Pferde, wann immer sie können, leise und höflich kommunizieren, braucht es viel, damit sie im Zusammenhang mit Menschen Verhalten zeigen wie Steigen, Abbocken-Wollen, Beißen und anderes mehr.

Erlernte Hilflosigkeit entsteht durch Wiederholungen

Das wohl *ersichtlichste Szenario* zum Weg in die erlernte Hilflosigkeit beinhaltet immer offensichtliche Gewalt. Wird außerhalb einer lebensbedrohlichen Situation körperliche Gewalt als Trainings- oder Handlingmethode angewendet, hat dies weder mit Training noch mit Pferdepsychologie und erst recht nicht mit Beziehung zu tun. Sobald dies mit Dominanz und Leithengstidee begründet wird, weil Pferde angeblich genauso miteinander umgehen, spricht man diesen Wesen jegliche Emotion und Intelligenz ab. Zumal die Frage erlaubt sein muss, ob sich Pferde freiwillig in diese von Menschen erzeugten Situationen begeben würden. Es ist wissenschaftlich belegt, dass bei zu großem Stresseinfluss Lernen nicht mehr möglich ist. Die Situationen, in denen die Pferde anschließend nach diesen Methoden „funktionieren“, führen maximal zu Gefügigkeit – Anpassung aus Hilflosigkeit.

Wo fängt Gewalt an?

Tausend Befragte sind auch durch die persönlichen Prägungen, Traumata und vieles mehr gefärbt. Und jedes Pferd ist ein eigenes Individuum. Auch hier spielen zig Faktoren eine Rolle in Bezug auf die persönliche Empfindsamkeit. Eine gute Mischung ist, wenn man sich einerseits an die Wissenschaft hält (Stichwort Flucht- und Herdentier) und andererseits mit gesundem Menschenverstand und Herz ans Pferd geht. Es hilft auch, die Situation des Pferdes emotional auf sich zu übertragen: „Wie würde sich das für mich als Pferd anfühlen?“ Es geht nicht um Vermenschlichung! Es geht um Empathie und Wissen und somit um Berücksichtigung, dass mittlerweile zig Emotionen beim Pferd wissenschaftlich belegt sind. Nicht ohne Grund gibt es den Satz: „Wo Wissen endet, beginnt Gewalt!“

Das *schleichende Szenario* beinhaltet den Ausdruck „leise“ und ist somit oft viel schwieriger zu entdecken. Hier lautet die Devise: „Steter Tropfen höhlt den Stein.“ Man nimmt dabei eine schleichende, aber andauernde Veränderung des Pferdes wahr. Es beginnt mit der leicht veränderten, traurig wirkenden und angespannten Mimik des Reitschulponys. Im Verlauf wird es immer ruhiger und träger und gilt als sehr brav. Meistens gab es dann schon im Vorfeld „kleine“ Hinweise, wie Probleme beim Hufegeben, weniger Lebendigkeit im Umgang/in der Herde und vieles mehr.

Dies bezieht sich selbstverständlich nicht auf Schulpferde generell. Es zeigt aber einen häufigen Verlauf – auch dieses Pony musste lernen, dass seine Äußerungen nicht gesehen

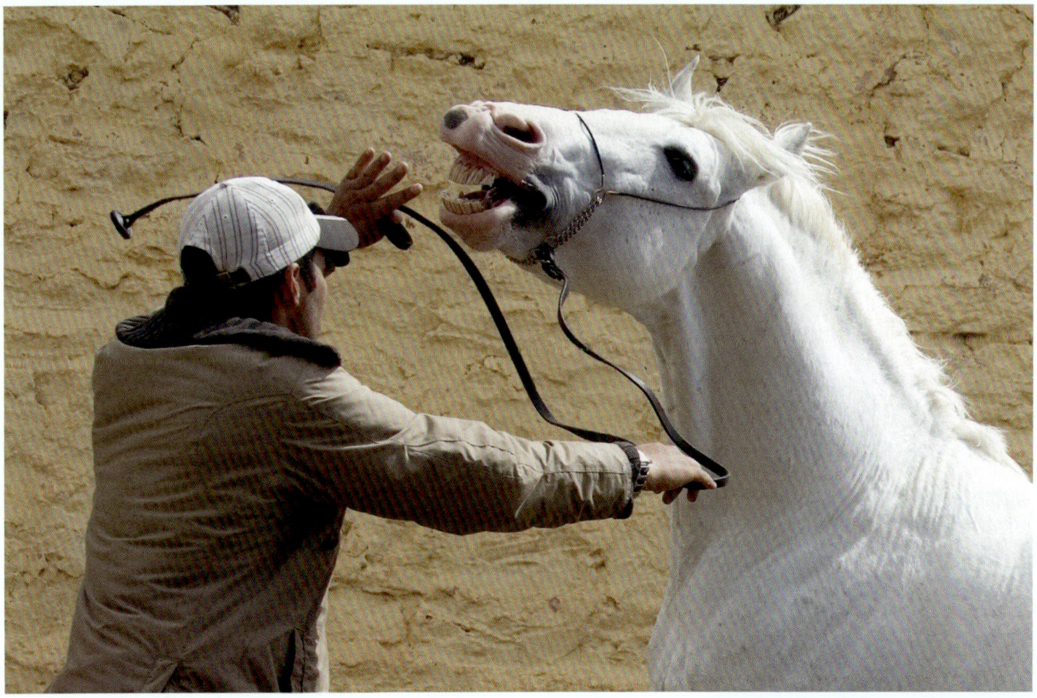

Es sind oft kleine Verhaltensweisen, wie ein Schnappen beim Führen oder beim Satteln, die auf erlernte Hilflosigkeit hindeuten. *Foto: Christiane Slawik*

Die Signale der Pferde sind vielfältig und beginnen höflich. Man sollte auf jede Veränderung achten. *Foto: Meike Bölts*

werden und es weiterhin unverändert, vielleicht mit Schmerzen, seinen Job machen muss. Meistens geht dies so lange, bis körperliche Erkrankungen so akut werden, dass das Pony zumindest vorübergehend nicht mehr im Unterricht eingesetzt werden kann.

Anzeichen erkennen

Wichtig!
Erlernte Hilflosigkeit ist das Gegenteil von positiver Lernerfahrung. Vor dieser kompletten Anpassung, also Resignation, finden verschiedene Prozesse statt, die oft fälschlicherweise mit temperamentvollem, widersetzlichem oder zickigem Verhalten abgetan werden. Auch gibt es sehr ruhige und introvertierte Pferdetypen, bei denen Anzeichen generell schwerer zu erkennen sind.

Die genannten Anzeichen können ebenso reine Schmerzanzeichen sein, insbesondere bei akuten Erkrankungen. Oft geht beides jedoch Hand in Hand, insbesondere wenn diese Zustände lange anhalten. Die Übergänge sind fließend.

Kopfbereich und Mimik

- Angespannte Maul-, Nasen-, Augen-, Kieferpartie.
- Augen wirken nicht mehr rund und groß, manchmal Augen nur noch halb geöffnet.
- Vermehrt starrer Blick.
- Pferd wirkt traurig, nach innen gekehrt.
- Manchmal eher hängende Kopf-Hals-Position.
- Flexibilität der Ohrenbewegungen vermindert, Ohren können mehr seitlich hängen oder vermehrt zurückgerichtet sein.

Körper
- Hängend wirkende Rumpfhaltung und Bauchlinie trotz Training, Stichwort: Trageerschöpfung.
- Gleichzeitig starke Verspannung verschiedener Muskulaturbereiche des Rückens, Unterhalses.
- Berührungsempfindlichkeit.
- Idiopathische, also ohne medizinische Ursache, wiederkehrende Verdauungsprobleme.
- Veränderung des Fressverhaltens sowohl in Richtung Verminderung der Nahrungsaufnahme als auch Dauerhunger (Aktivieren des Nervus vagus durch Kauen und Schlucken quasi als „Selbstberuhigung").
- Idiopathische Haut-, Haar- und Fellprobleme, Pseudoallergien.
- Idiopathische Lungenprobleme.
- Idiopathische Störungen des Gangbilds.
- Idiopathische Stoffwechselprobleme, bei Stuten auch Rosseauffälligkeiten.

Psyche
- Veränderungen im Herdenverhalten in Richtung Aggressivität.
- Veränderung im Herdenverhalten in Richtung Depression wie Absondern von der Herde, verändertes Spiel-, Ruhe- und Pflegeverhalten.
- Wesensveränderung: Das sonst eher aktiv wirkende und verspielte Pferd zeigt sich immer ruhiger, introvertierter und desinteressierter an seiner Umwelt.
- Konzentrationsprobleme im Handling und Training, Pferd wirkt abwesend oder ist oft abgelenkt.
- Fehlwahrnehmung des eigenen Körpers: Pferde wirken „tollpatschig".
- Veränderung im Beziehungsverhalten mit dem Menschen: kaum Reaktion auf Lob, vermindertes Kraulverhalten.
- Wiederkehrende irritierende Veränderungen des Verhaltens beim Handling und Training, wie ständiges Stehenbleiben oder Ähnliches ...

Potenzielle Gefahr der negativen Anpassung

Einsatz von „Hilfszügeln"
Sobald diese Konstruktionen so verwendet werden, dass ein Einfluss auf die Kopf-Hals-Position stattfindet
- Einschränkung des Sehens und Wahrnehmens von äußeren Reizen (das Pferd ist ein Fluchttier!).
- Durch die starre Bewegungseinschränkung keine Möglichkeit bei muskulärer Überlastung oder gar Schmerz, entsprechende Ausgleichbewegungen vollziehen zu können.
- Durch Druck und Überlastung des Genickbereichs direkter negativer Einfluss auf den craniosacralen Rhythmus.
- Disstressentstehung durch oben genannte Punkte, dadurch mögliche Veränderung des Atemrhythmus und somit auch des gesamten Stoffwechsels während des Trainings.
- Negativer Einfluss auf den gesamten Körper.
- Wehrt sich das Pferd nicht und versucht sich somit nicht aus der für es unangenehmen Situation zu befreien, oder wehrt sich das Pferd mit entsprechendem Verhalten und dies wird ignoriert/gemaßregelt, erfolgt die zwangsläufige Lernanpassung. Das Pferd lernt notgedrungen: „Ich kann das nur ertragen."

Einsatz des Sperrriemens
- Behinderung der Atmung.
- Durch Einschränkung bis hin zur Fixation des Unterkiefers bzw. seiner physiologischen Beweglichkeit direkter negativer Einfluss möglich auf Zunge, Kiefergelenke, den gesamten Schädel und craniosacralen Rhythmus.
- Schwierigkeiten des Speichelabschluckens, gepaart mit der behinderten Atmung.
- Disstressentstehung.
- Negativer Einfluss auf den gesamten Körper.

Harte, unnachgiebige Reiterhand
- Je nach Kopf-Hals-Position Effekt wie bei „Hilfszügeln".
- Störung der Kommunikation und somit des Vertrauens Pferd-Mensch, zum Beispiel Zügel aus der Hand ziehen, gegen das Gebiss gehen, Kopfschlagen.
- Negativer Einfluss auf den gesamten Körper.

Desensibilisierung
Eine gängige Methode zur Desensibilisierung des Pferdes ist das wiederholte Einsetzen des stressauslösenden Reizes. Erfolgt dies in Kombination mit positiver Verstärkung unter

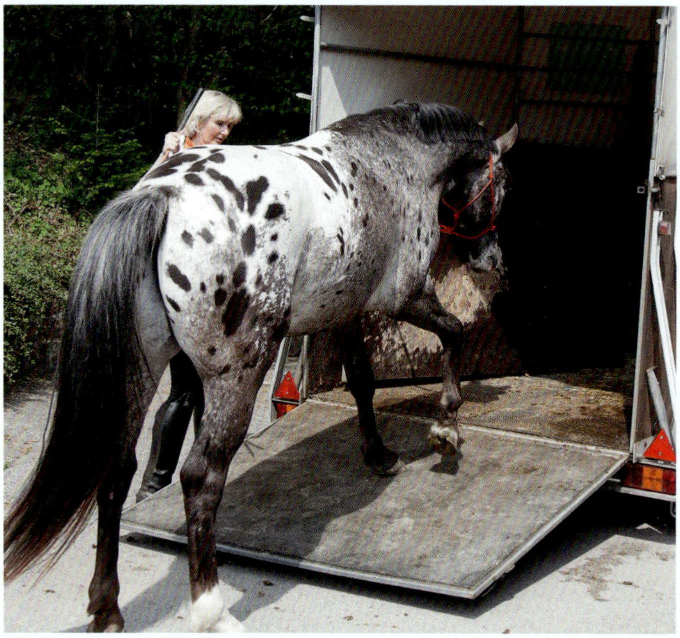

Man hat es selbst in der Hand, ob das Pferd den Pferdehänger zukünftig als zwar anstrengenden Ort mit Futter erinnert, der aber so positiv wie möglich belegt ist, oder als einen Ort, bei dem es im Vorfeld so viel Stress hatte, dass das Hineingehen die einzige Lösung ist. *Foto: Christiane Slawik*

Schenken Sie dem Pferd Ihre volle Aufmerksamkeit – nicht nur beim Reiten und Longieren, sondern auch im Umgang. Dann wird Ihnen das Pferd alles mitteilen. *Foto: Christiane Slawik*

Berücksichtigung des Stresslevels des Pferdes, ist eine Lernerfahrung möglich. Wird dies ohne diese Berücksichtigung ausgeführt oder gar bewusst Stress erzeugt und nur Ruhe beim stressauslösenden Reiz gewährt (gängige Verladetrainingsmethode), ist es ein sehr schmaler Grat zwischen echtem Lernen und reiner Erschöpfung, körperlich und mental.

Wie kann man erlernte Hilflosigkeit vermeiden?

Grundsätzlich ist niemand fehlerfrei und Pferde verzeihen viel. Auch sind viele Menschen in der Situation, sich ein Pferd gekauft zu haben, das die ein oder andere traumatische Grundanpassung mitbringt. Vieles kann sich bereits durch gute Haltungsbedingungen und durch eine stabile Beziehung zu Mensch und Herde gut regulieren.

Der wichtigste Punkt klingt einfach, ist aber anspruchsvoll: Schauen Sie Ihrem Pferd immer ins Gesicht – nehmen Sie Veränderungen in der Mimik, die immer mehr werden oder plötzlich dauerhaft da sind, ernst, und begeben Sie sich auf Ursachenforschung. Nehmen Sie jemanden mit dazu, dem Sie vertrauen und der Pferderfahrung hat, oder eine entsprechend seriöse und ausgebildete Fachperson. Hören Sie auf Ihr Bauchgefühl.

Der Mensch kann nur ein starker und hilfreicher Partner seines Pferdes sein, wenn er selbst auch über genug Stabilität verfügt.

Foto: Christiane Slawik

Sollten Sie bereits Verhaltensänderungen und/oder körperliche Probleme wahrnehmen, lohnt es sich immer, alle Faktoren mit einzubeziehen und zu schauen, inwiefern Disstress der Verursacher ist oder es sich schon um Aspekte der erlernten Hilflosigkeit/Traumata handelt.

Wenn das Pferd große Leistungen erbringt oder anspruchsvolle Aufgaben zu bewältigen hat, sollte man für entsprechenden Ausgleich sorgen. Und ganz wichtig ist Beziehung!

Wege aus der erlernten Hilflosigkeit

Es gibt bei einem Individuum kein Patentrezept, jedoch einige Grundsätze, die helfen können:

1 Schmerzfreiheit: gesundheitsbelastende oder gar schmerzende Symptome veterinärmedizinisch und manualtherapeutisch abklären und behandeln lassen. Insbesondere auch wiederkehrende Lungen- und Magen-Darm-Probleme als mögliche Anzeiger einer komplexeren Psyche-Körper-Anpassung verstehen.

2 Sind negative Vorerfahrungen des Pferdes bereits bekannt und Auswirkungen spürbar trotz neuer Lebenssituation bei gleichzeitig vorhandenen gesundheitlichen Problemen, empfiehlt es sich, zunächst den potenziellen Stressor wenn möglich zu vermeiden. Erst wenn der gesundheitliche Allgemeinzustand des Pferdes stabil ist, kann mit viel Ruhe, Verständnis und positiver Verstärkung der Versuch des Umlernens kleinschrittig gestartet werden. Viele Pferde pendeln zwischen abgeschaltetem und abwehrendem Verhalten immer wieder hin und her bis zur kompletten Anpassung der Hilflosigkeit. Man sollte auf limitierendes Equipment wie Sperrriemen und alle Formen von „Hilfszügeln" verzichten.

3 Bei im Vorleben leistungsüberforderten Pferden, die lernen mussten, zu funktionieren, sollte man in erster Linie das Gegenteil der Vorerfahrungen anbieten – viel gemeinsam ins Gelände gehen, bei dem einen Pferd geritten, bei dem anderen vielleicht erst mal zu Fuß. Finden Sie heraus, was dem Pferd Spaß macht, was es interessiert und die Neugierde weckt, gemeinsames, spielerisches freies Bewegen in einer eingezäunten Umgebung.

4 Leichtigkeit, Sicherheit und Spaß: Nehmen Sie den Gesamtausdruck des Pferdes ernst – Pferde wollen von uns Menschen gesehen und wahrgenommen werden. Als Herdentiere leben sie von Beziehung und Sicherheit. Erlernte Hilflosigkeit ist von Menschen gemacht und es geht dabei um Vertrauensverlust. Daher kann alles helfen, was Sicherheit und Wahrnehmung bedeutet. Diese Pferde müssen oft erst wieder lernen, dass da plötzlich ein Mensch ist, der auf sie achtet. Aber Vorsicht: Haben Sie Mitgefühl mit dem Pferd, versinken Sie jedoch nicht dauerhaft in Mitleid! Wenn Sie beide in Beziehung miteinander sind, sind Sie wie ein kleines Netzwerk. Wenn beide ständig im Negativen und Passiven gefangen sind, hängt man in einer Endlosschleife. Wie in jeder guten Partnerschaft gilt: respektieren und den anderen in Liebe mit Positivität unterstützen und motivieren.

5 Wenn Sie bereits monatelang alles Mögliche versucht haben, um Ihrem Pferd zu helfen, und keine Stabilität erreichen konnten, suchen Sie sich eine entsprechende Fachperson für Hilfe und Entlastung. Bei vielen Pferden sind die Auswirkungen der erlernten Hilflosigkeit so stark, dass sie nachhaltig traumatisiert sind und spezielle Hilfe benötigen, um den Kreislauf zu durchbrechen.

Da alles im Bereich erlernter Hilflosigkeit und Traumata beim Pferd immer mit Vertrauensverlust und starker Anpassung des Gehirns, Nervensystems und Emotionen einhergeht, kann kein elektrisches Gerät die Grundproblematik verändern oder heilen. Verbesserungen von Symptomen sind möglich, aber um die starken Verletzungen im Feld des Soziallebens zu heilen, benötigt es immer ein fühlendes Gegenüber, das auch den Emotionen Halt geben kann.

Yve Ehler lebt in Norddeutschland und ist international als spezialisierte Pferdetherapeutin sowie als Dozentin tätig. Ihr Spektrum umfasst alle Formen der Pferdeosteopathie sowie die Spezialisierung auf Psychoneuroimmunologie und -endokrinologie. Des Weiteren ist sie Pferdeverhaltenstherapeutin, Begründerin der Trauma-Pferdeosteopathie® und Mitbegründerin des Trainingskonzepts Gerittene Osteopathie®.
www.equi-delta.de

Anzeige

SPIRIT HORSE
Wenn du still bist, zeigt sich dir alles zu.
Ulrike Dietmann
Finde wahre Verbindung mit Pferden.
Seminare, Coaching, Bücher, Ausbildung, Horse & Spirit Festival.
www.spirithorse.info

ATMEN ALS DIALOG

Wie Kommunikation über Atmung gelingen kann

von Akki Schubert

Foto: Christiane Slawik

Es läuft immer so nebenher: einatmen, ausatmen. Es ist ein steter Fluss von Luft, der uns unbeachtet mit jedem Atemzug am Leben erhält. Die Lunge versorgt jede Zelle im Körper mit Sauerstoff und transportiert CO_2 ab. Dieser Fluss, der alle Körperregionen erreicht und beeinflusst, ist ein großer Helfer in allen Lebenslagen.

Die Atmung der Pferde ist genauso interessant wie unsere eigene. Der erwachsene Mensch macht 12 bis 18 Atemzüge pro Minute, täglich atmen wir 10.000 bis 20.000 Liter Luft ein und aus.[1] Ein erwachsenes Großpferd atmet ohne Belastung 8 bis 16 Mal pro Minute und inhaliert dabei täglich 70.000 Liter Luft, Ponys atmen bis zu 24 Mal pro Minute. Anders als der Mensch, der durch Mund und Nase atmen kann, atmet das Pferd ausschließlich durch die Nase. In Bewegung versiegelt es sogar die Maulregion mit den Lippen, um einen Luftstrom durch das Maul auszuschließen.

Meist atmen wir vollkommen unbewusst und beachten die Atmung unseres Pferdes nur nach hoher Anstrengung. Ein Beispiel aus dem Reitstallalltag: Nach der anstrengenden Trainingseinheit „pumpt" das Pferd unter dem Reiter und hat

Eine lockere Schrittphase am langen Zügel nach der Arbeit entspannt Pferd und Reiter. *Foto: Christiane Slawik*

eine erhöhte Atemfrequenz von bis zu 150 Atemzügen pro Minute. Der geschulte Reiter weiß, dass er sein Pferd so nicht zurück in den Stall bringen kann, sondern erst eine ruhige Bewegungseinheit im Schritt einlegen muss, bis das Pferd wieder zu seiner normalen Atemfrequenz zurückgefunden hat. Das sogenannte Trockenreiten muss nicht unter dem Reiter stattfinden. Genauso gut – oder vielleicht sogar besser, weil entspannender – ist es, wenn der Reiter sein Pferd eine Runde um die Reithalle oder einen kurzen Weg durch das nahe Gelände führt. Bei frischer Luft können Pferd und Reiter die anstrengende Trainingseinheit verarbeiten und die Seele baumeln lassen. Im Winter oder generell bei niedrigen Temperaturen hilft eine Abschwitzdecke, damit der Pferdekörper nicht zu schnell auskühlt und das Pferd sich nicht erkältet.

ABSCHNAUBEN IST ENTSPANNUNG

Neben normaler und angestrengter Atmung gibt es noch diverse weitere spannende Atemverhaltensweisen des Pferdes. Eine weitere Erkenntnis, die jeder in seinem Reiter- und Pferdeleben erfährt, ist, dass das Abschnauben des Pferdes ein Zeichen für Entspannung ist. Abschnauben ist vergleichbar mit einem seufzenden Ausatmen des Menschen. Versuche es selbst: Atme tief ein und lasse die Atemluft laut seufzend entweichen. Es stellt sich ein ruhiges Gefühl ein. Mache die Übung gern mehrmals hintereinander. Du wirst feststellen, dass deine Muskulatur entspannt, deine Augen sich leicht schließen und die Gedanken in deinem Kopf leiser werden. So ähnlich fühlt sich ein Pferd, das während oder nach dem Training abschnaubt. Es entlädt den Stress und die Anspannung aus dem Körper und kann Trainingsimpulse und muskuläre Anstrengung besser verarbeiten.

ATMUNG DES REITERS

Da der Mensch sich das eigene Ein- und Ausatmen selten bewusst macht, achten auch die meisten Reiter kaum auf ihre Atmung. Dabei ist sie genauso relevant beim Pferdetraining wie auch im Alltag jedes Einzelnen. Wir sind aufgrund von Schule oder Job, Partnerschaft oder Mitmenschen im täglichen Umgang ständig Stress und Anstrengung

Ob spezielles Reiter-Yoga oder klassisch im Studio: Alles, was die Achtsamkeit für den eigenen Körper fördert, ist gut fürs Training mit dem Pferd. *Foto: stock.adobe.com/Peter Hansen*

ausgesetzt. Mit einer bewussten Atmung können wir uns in jeder Situation entspannen – wenn wir üben, wie das geht. Bewusstes Atmen ist erlernbar. Beim Sport wie Yoga und Pilates ist die Atmung ein wichtiger Trainingsbestandteil, genauso bei Qigong und diversen asiatischen Kampfkunsttechniken. Zusätzlich helfen Meditation und mentales Training, die Atmung bewusst zu machen. Als Reiter ist es mehr als erstrebenswert, eine oder zwei alternative Trainingsmethoden aus diesem Bereich zu erlernen und anzuwenden. Der bewusste Umgang mit dem eigenen Körper macht uns alle zu besseren Reitern. Wenn wir unseren Körper achtsamer spüren, können wir uns auch in den Körper unseres Pferdes besser hineinversetzen. Zusätzlich profitieren wir von dem Vorteil, dass Yoga, Pilates, Tai-Chi oder Qigong den eigenen Körper geschmeidiger und beweglicher machen.

KLEINER EXKURS: ANSTRENGUNG IST GESUNDERHALTUNG

Gerade im Freizeitbereich gibt es viele Pferdebesitzer, die es möglichst vermeiden, ihr Pferd Stress auszusetzen. Spazieren gehen im Schritt, leichte Arbeit, ohne ins Schwitzen zu geraten, und entspanntes „Betüddeln“ suggerieren dem Menschen ein schönes Pferdeleben. Leider wird bei diesem Denkansatz vergessen, dass es auch positiven Stress gibt. Körperliche und mentale Anstrengung (nicht Überforderung) fordern den Körper auf, die eigenen Grenzen zu erweitern. Wer sich beim Sport verausgabt oder beim Kopftraining schwierige Aufgaben löst, entwickelt sich weiter und verbessert die individuellen Fähig- und Fertigkeiten. Für Mensch und Pferd gilt: Wer sich nicht bewegt, der verkommt quasi zum Couch-Potato und lässt die eigenen Fähigkeiten verkümmern.

Gerade körperliche Anstrengung ist für einen funktionierenden Organismus lebenswichtig. Bezugnehmend auf die Atmung muss der Körper, egal ob Pferd oder Mensch, auch in hohen Gangarten gefordert werden. Es ist gesundheitsfördernd, das Lungenvolumen auszuschöpfen und ab und zu richtig Tempo zu machen und sich auszupowern, quasi „durchzulüften“. Das heißt nicht, dass jeder Reiter sein Pferd bis zur Erschöpfung treiben soll, aber ein Sparflammenverhalten ist genauso wenig zielführend.

Selbst wenn das Pferd im Offenstall, Lauf- oder Aktivstall steht und dort mit seinen Pferdekumpeln ab und zu eine Spiel- und Tobe-Einheit einlegt, ist dies nicht ausreichend für die Gesunderhaltung des Organismus. Das Pferd als Lauftier hat in der westlichen Welt nicht genug Fläche zu Verfügung, um seinen Körper auszulasten. Hier ist der Mensch gefragt, der mit diversen Trainingsansätzen das Pferd gesunderhaltend trainieren muss. Dies erfolgt durch ausreichend langes Training an der Hand oder unter dem Sattel in allen Gangarten auf gerader und gebogener Linie unter Berücksichtigung des Ausbildungsstandes des jeweiligen Pferdes.

ATMUNG IM TRAINING

Leider lernen wir als Kinder nicht, wie wir uns selbst und die Lebewesen um uns herum mit unserer Atmung berühren und ihnen helfen können. Mit etwas Glück und Interesse lernen wir Randbereiche kennen, die uns näher an unsere Atmung und an die unserer Tiere heranführen. Doch das ganze Geheimnis wird uns selten offenbart.

Dabei können wir mit unserer Atmung einen Informationsimpuls setzen, der dem Pferd zum Beispiel eine Tempoangabe gibt und es schneller oder

langsamer werden lassen kann. Diese Information, die nur spärlich in der Reiterwelt genutzt wird, ist ein großer Schatz in Bezug auf die Sicherheit am Pferd. Jeder Reiter kann seinem Pferd beibringen, dass es bei starkem Ausatmen des Reiters stoppen soll. Egal in welcher Gangart sich das Pferd bewegt, kann der Reiter mit einem stoßweise lauten Ausatmen das Pferd in den Stand bringen. Diese „Atemhilfe" bedeutet im besten Fall, dass ein durchgehendes Pferd mit einem langen „Whoa" inklusive starkem Ausatmen des Reiters wieder durchpariert werden kann. Klingt zu fantastisch, um wahr zu sein? Mitnichten. Es ist allerdings ein ganzes Stück Training notwendig, um dem Pferd diese Hilfe sicher beizubringen.

TRAININGSIMPULS: LOSGEHEN UND STOPP DURCH EIN- UND AUSATMEN

Wer seinem Pferd das Stoppen über die Atmung beibringen möchte, muss sich zuerst seiner eigenen Atmung gewahr werden. Am einfachsten ist es, wenn die Atmung direkt in das Training beim Führen eingebunden wird.

Anhand eines persönlichen Beispiels demonstriere ich es: Ich beginne damit, dass ich jedes Mal einatme, wenn mein Pferd neben mir an der Hand losgehen soll. Egal ob ich mein Pferd vom Paddock oder aus der Box hole, zum Anbindeplatz oder zur Reithalle laufe, ist mein erstes Angehen mit

Die freie Bewegung mit Artgenossen ist kein Ersatz für körperlich gesundes Training mit dem Menschen. *Foto: Christiane Slawik*

folgenden Hilfen verbunden: Einatmen – Hand-vor – nach vorne lehnen – Stimmkommando.

Die Hilfen kommen immer hintereinander und nicht gleichzeitig, damit mein Pferd im späteren Trainingsverlauf nur auf Einatmen, Hand-vor und nach vorne lehnen losgeht und ich weitere Hilfen reduzieren kann. Geht mein Pferd nach dem Stimmkommando nicht los, kann ich entweder mit meiner freien Hand an meine Jacke klopfen oder eine Gerte zur Unterstützung mitnehmen. Sobald mein Pferd angeht, lobe ich mit Stimme und Streicheln.

Wenn man in dieser Art des Trainings noch nicht geübt ist, ist es zu Beginn recht ungewohnt, die Abläufe einzuhalten. Mit der Zeit wird es Gewöhnung und völlig normal, so leise und gezielt mit dem Pferd zu kommunizieren.

Neben dem Losgehen stoppe ich mein Pferd auch mit meiner Atmung. Wenn ich es zum Stehen bringen will, nutze ich folgende Signale: ausatmen – Hand zurück (nicht am Strick ziehen) – Füße still stehen lassen – leicht zum Pferd drehen, um bildlich eine „Tür zu schließen“.

Auch hier kommen die Hilfen kurz nacheinander. Bleibt mein Pferd nach dem Eindrehen nicht stehen, kann ich mein Führseil oder die Gerte vor die Brust des Pferdes führen und damit das Bild der geschlossenen Tür unterstreichen. Beim Pferdetyp „Bulldozer" – also die Pferde, die gelernt haben, dass die Körpersprache des Menschen eher keine Rolle für sie spielt – tippen wir die Brust so lange an, bis das Pferd wirklich steht. (Antippen heißt weder Streicheln noch Draufhauen. Jeder muss hier seine eigene Intensität finden, abgestimmt auf sich selbst und sein Pferd. Ziel ist es, die „starken Hilfen" irgendwann wegzulassen und nur durch Ausatmen, Hand-Zurücknehmen und Eindrehen das Pferd zu stoppen.) Steht mein Pferd, lobe ich mit Stimme und Streicheln.

Diese Übungen für Losgehen und Stoppen kann man immer und überall einbauen. Je konsequenter man sein Pferd in jeder Lebenslage auf diese Art führt, desto schneller und sicherer wird das Losgehen und Stoppen des Pferdes über die Atmung und das Lehnen erfolgen. Ich baue auch Tempoübergänge mit der Atemhilfe ein, indem ich beim Zulegen einatme und beim Verlangsamen sanft ausatme. Wenn das gut sitzt, übertrage ich die Übung in den Sattel. Jedes Pferd lernt schneller und effektiver, wenn man jeden richtigen Ansatz und jede korrekte Idee des Pferdes lobt. Je mehr Lob, desto glücklicher das Pferd und auch der Mensch.

Einatmen, Hand-vor, nach vorne lehnen und Stimme: So leicht können Hilfen sein. *Foto: Akki Schubert*

Auch ohne Arbeitsseil stoppt das Pferd mit den bekannten Hilfen, die mit dem Ausatmen beginnen und mit dem türschließenden Stick enden. *Fotos: Akki Schubert*

STOPPEN AN DER AUFSTIEGSHILFE

Unter dem Sattel behalte ich meine Hilfengebung über die Atmung bei. Das beginnt schon beim Aufsteigen an der Aufstiegshilfe: Ich stelle mein Pferd neben die Aufstiegshilfe, indem ich flott auf die kleine Treppe oder Stufe zugehe und mich draufstelle. Dort angekommen, atme ich aus, damit mein Pferd direkt neben der Aufstiegshilfe stehen bleibt. Steht es, lobe ich sofort. Bremst mein Pferd nicht, führe ich es um das Hindernis herum, auf dem ich währenddessen stehen bleibe. Das klappt am besten, wenn die Aufstiegshilfe mitten auf dem Platz ist und nicht am Rand an der Bande. Sollte mein Pferd nicht zum Stehen kommen, gebe ich mit meiner Gerte eine leichte Hilfe an der Brust. Auch hier gilt: Leichtes Tippen sollte dem Pferd bereits eine Idee geben, was es tun soll. Da ich das am Boden bereits geübt habe, klappt es auch aus der erhöhten Position.

Beim Aufsteigen atme ich entspannt weiter. Das Pferd soll geduldig stehen und warten, bis ich mit den Steigbügeln fertig bin. Geht es weiter, atme ich deutlich aus und bremse über die dem Pferd bekannten Hilfen. Ich mache erst weiter, wenn mein Pferd wieder ruhig steht. Bei Pferden, die das Stehen unter dem Reiter nicht gelernt haben, kann diese Übung recht lange dauern. Im Durchschnitt benötigt man nur zwei bis drei Tage, an denen man das Aufsteigen intensiv übt. Danach wissen die Pferde, welches Verhalten man von ihnen möchte.

WAS DIE ATMUNG DES PFERDES BEIM AUFSTEIGEN VERRÄT

Eine weitere wichtige Information beim Aufsteigen gibt uns die Atmung des Pferdes. Beim Pferd spricht man von einem costoabdominalen Atemtyp, das heißt, die Brustwand und auch die Bauchwand sind gleichermaßen an der Atmung beteiligt.[2] Das bedeutet, dass man bei einem ruhig atmenden Pferd das Heben und Senken der Bauchwand sehen kann.

Besonders junge Pferde, die noch nicht häufig unter dem Sattel waren und das Aufsteigen des Menschen erst erlernen, sind bei der Übung häufig angespannt. Doch auch bei älteren Pferden kann diese Anspannung bestehen, vor allem wenn sie das Stehen beim Aufsteigen nicht korrekt gelernt haben. Hier verrät die Atmung des Pferdes viel über seinen Zustand. Beim Aufsteigen achte ich auf die Bauchatmung des Pferdes. Kann ich das Ein- und Ausatmen am Bauch sehen oder hält das Pferd den Atem flach an der Brust? Solange ich keine Bauchatmung sehen kann und mein Pferd in angespannter Erwartungshaltung verharrt, warte ich auf der Aufstiegshilfe stehend, bis das Pferd sich entspannt und wieder tief atmet. Dann lehne ich mich erst über den Sattel und beobachte die Bauchatmung. Kann ich sie weiterhin sehen, steige ich langsam und entspannt auf.

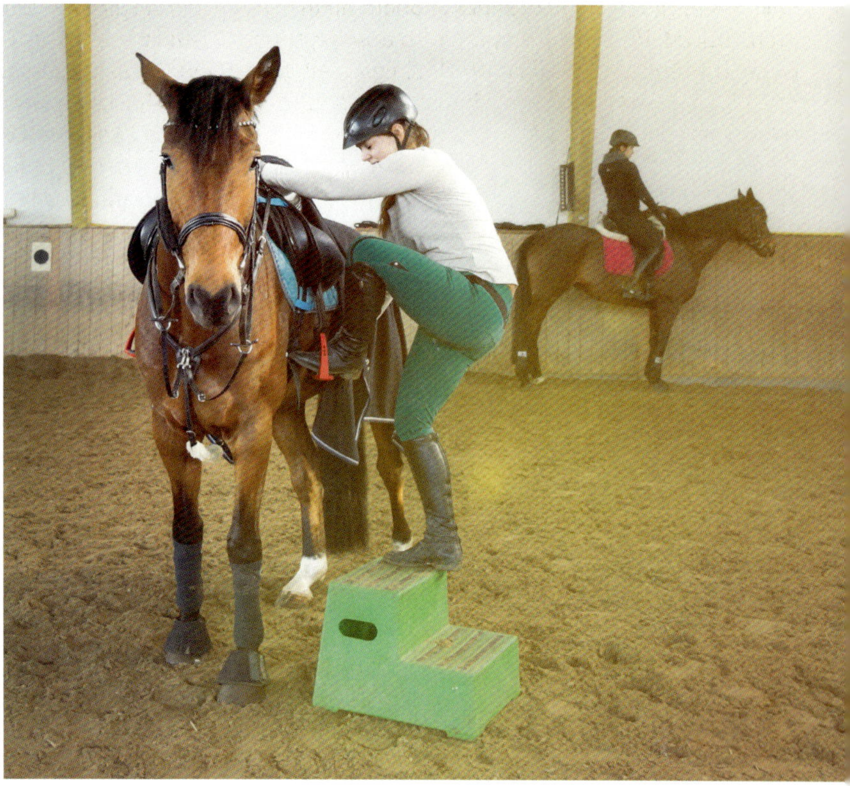

Auf einer feststehenden Aufstiegshilfe kann die Bauchatmung des Pferdes gut beobachtet werden, bevor man in den Sattel steigt. *Foto: Adobe Stock/Tanja Esser*

Hält mein Pferd jetzt wieder den Atem an, warte ich im Sattel, bis es sich entspannt. Dabei kann ich am Widerrist streicheln und beruhigend mit meinem Pferd sprechen. Wichtig hierbei ist, dass ich entspannt und gerade sitze, um mein Pferd nicht in seiner Balance zu stören oder aus Versehen eine Sitz- oder Schenkelhilfe zu geben. Je mehr Zeit man dem Pferd gibt, sich an die Situation zu gewöhnen, desto eher atmet es wieder in seinen gesamten Körper und man kann seine Abläufe entspannt fortsetzen. Wenn das Pferd sogar abschnaubt, hat man sein Ziel eines ruhigen und unverkrampften Aufstiegstrainings erreicht.

ANREITEN DURCH EINATMEN

Beim Anreiten gebe ich – wie am Boden – die Hand leicht vor, atme ein und gebe dann die dem Pferd bekannten Hilfen zum Losgehen. Sobald mein Pferd startet, lobe ich. Je öfter ich so anreite, desto weniger Hilfen benötige ich. Nach einiger Zeit geht mein Pferd schon an, wenn ich einatme und die Hand vorgebe.

DURCHPARIEREN DURCH AUSATMEN

Beim Verlangsamen gehe ich ähnlich vor. Ich atme aus, gebe eine leichte Parade (kein zurückweisender Zügel) und sitze tiefer im Sattel ein. Je nachdem, wie stark ich ausatme und einsitze, bremst mein Pferd stärker oder schwächer. Auch hier kann ich mit dem Stimmkommando, das ich auch bei der Übung am Boden nutze, meine Hilfen verstärken. Durch Wiederholung wird mein Pferd mit der Atem- und Sitzhilfe immer sicherer und benötigt keine anderen Hilfen mehr.

ATEMWEGSERKRANKUNGEN STÖREN DEN FLUSS

Pferde atmen mithilfe der Brust- und der Bauchwand. Wenn beim Pferd die sogenannte Dampfrinne zu erkennen ist, ist vermehrt die Bauchatmung aktiv. Das Pferd presst die Luft mithilfe der Bauchatmung aus dem Körper, sodass die Muskulatur sich verändert. Dies kann ein Anzeichen für eine Lungenerkrankung wie zum Beispiel eine Bronchitis sein, was von einem Tierarzt abgeklärt werden sollte. Auch andere gesundheitliche Probleme der Atemwege wie Dämpfigkeit, akuter oder chronischer Husten, COPD oder Allergien beeinflussen den Atemfluss des Pferdes. Liegen bekannte Einschränkungen vor, muss das Training selbstverständlich angepasst werden. Die Übungen, die über die Atmung des Menschen ausgeführt werden, können dem Pferd auch bei eingeschränkter Bewegung beigebracht werden. Die Beobachtung des Spannungszustands des Pferdes über die Bauchatmung ist bei krankhafter Veränderung der Atmung nicht mehr so einfach möglich.

EMOTIONEN BEEINFLUSSEN DIE ATMUNG

Neben gesundheitlichen Einschränkungen beeinflussen auch Emotionen die Atmung bei Pferd und Mensch. Bei Angst und hoher emotionaler Anspannung atmen wir Menschen flach und stoßweise. Bei großer Freude und beim Lachen atmen wir tief und durch den gesamten Körper. Reite ich mein Pferd und muss niesen, müssen meine sensibel trainierten Pferde erst lernen, dass das kein Stoppsignal ist. Genauso muss ich als Mensch lernen, mit Angst oder Beklemmung umzugehen, wenn ich ein sehr ausdrucksstarkes Pferd vor mir habe, das zum Beispiel steigt oder bockt. Es ist für den Reiter elementar, zu lernen, die eigenen Emotionen zu erkennen und dann aus dem Umgang mit dem Pferd zu verbannen, da sie ansonsten zu Misskommunikation führen.

Genauso ist es wichtig, die Emotionen des Pferdes zu erkennen. Ein Beispiel: Das Pferd ist im Gelände angespannt, reißt den Kopf hoch und schnaubt lautstark stoßweise. Es tänzelt und zeigt deutlich seine Aufregung. Vielleicht wittert es in größerer Entfernung ein Wildtier und kann die Situation nicht zuordnen. Als Mensch ist es jetzt wichtig, sich nicht von der Emotion des Pferdes anstecken zu lassen. Reißt man am Zügel und brüllt sein Pferd an, übernimmt man die Aufregung und Angst seines Pferdes. Bleibt man souverän, atmet ruhig weiter und erinnert sein Pferd daran, den Kopf zu senken und dem Menschen die Führung zu übergeben, kann man eine solche Situation deeskalierend lösen.

NIMM EINEN TIEFEN ATEMZUG ...

Die Atmung ist ein faszinierendes Thema, das es weiter zu erforschen gilt. Als komplexer Prozess beeinflusst die Atmung von Pferd und Mensch nicht nur die körperlichen Funktionen, sondern auch den emotionalen Ausdruck. Durch ein besseres Verständnis der Atmung von Pferd und Mensch können wir sie als Hilfe einsetzen, die uns als leichtes und unsichtbares Band eine bessere Kommunikation ermöglicht.

Akki Schubert ist Trainerin für Pferd und Mensch. Dabei arbeitet sie europaweit für bessere Pferd-Mensch-Beziehungen und einen gewaltfreien Umgang im Reitsport. Sie ist unter anderem Co-Trainerin von Thomas Günther und lernte bei Buck Brannaman in den USA und Ian Benson in Neuseeland. Westlich von Köln führt sie einen eigenen Hof.
https://akkischubert.de

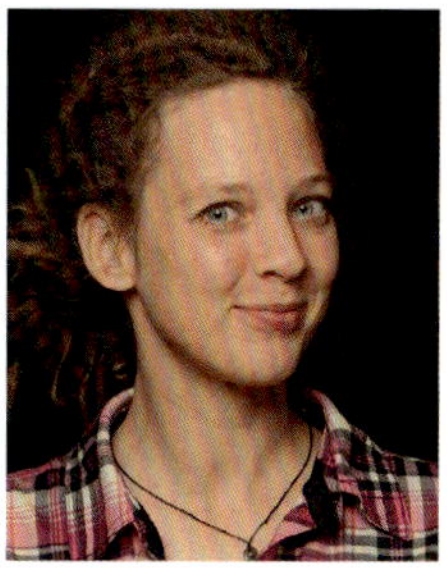

Quellen:

[1] Internetquelle Elsevier Connect: „12 erstaunliche Zahlen zur Lunge“; abgerufen unter https://www.elsevier.com/de-de/connect/pflege/zahlen-zur-lunge

[2] Internetquelle Load Medical, Werner Sandrowski: „Atmung Tiere – Dampfrinne beim Pferd“; abgerufen unter https://blog.loadmedical.com/atmung-tiere-dampfrinne-beim-pferd/

Effektives Training

Was wirkt – System oder Intuition?

von Nadja Müller

Foto: Isabel Tomczyk

Reiten ist eine Entwicklungsreise mit dem Pferd. Je länger man mit seinem Pferd übt, desto mehr wächst man meist mit ihm zusammen. Der Mensch orientiert sich dabei gern an verschiedenen Leitplanken. Er kann einem System, einer Methode beziehungsweise einer Reitlehre folgen oder seiner Intuition. Mit der Zeit findet er vielleicht heraus, dass er sich nicht zwischen System und Intuition entschieden muss, dass er beides kombinieren und seinem Gefühl genauso wie der Systematik einer Trainingsmethode vertrauen kann, die sich schon bei Tausenden anden Pferden bewährt hat.

Der Weg zur Partnerschaft mit dem Pferd – zu einer gelingenden Kommunikation und einer starken Beziehung – ist von Paar zu Paar unterschiedlich. Er hängt vom Charakter und den Eigenschaften, die Mensch und Pferd mitbringen, aber auch von ihren Vorlieben, Prioritäten und Zielen ab. Manche Menschen sind eher rational. Sie durchdenken die Materie, beobachten, analysieren und handeln aufgrund dieser Erkenntnisse. Andere folgen ihren Emotionen und dem Gefühl, handeln aus dem Bauch heraus und intuitiv.

Pferd und Mensch haben zudem unterschiedliche Lernbedürfnisse: Menschen lernen vielleicht am besten durch das Sehen, das Anhören oder durch das Erspüren in der Bewegung. Manche Pferde benötigen eine Vielzahl von Wiederholungen und Routine, wieder andere Spontanität, Abwechslung und neue Aufgaben. Dann kommen die Erfahrungen hinzu: Was bringen wir und das Pferd mit? Haben wir vielleicht mit Angst zu kämpfen? Ist unser Pferd ein weißes, unbeschriebenes Blatt oder trägt es bereits den Ballast der Vergangenheit?

Einem System, einer Methode folgen

Wenn man selbst nicht so recht weiß, wie man diese Fragen beantworten soll und wie man mit seinem Pferd umgehen will, kann man sich zuerst daran orientieren, wie andere es tun. Es gibt diverse Lehren und Schulen, die uns verschiedene Wege zum Pferd eröffnen können. Diese Reitlehren folgen dabei stets einer gewissen Systematik mit festen Bausteinen, die zusammengesetzt werden. Eine solche methodische Herangehensweise eines Ausbildungssystems hat den Vorteil, dass sie uns genau die Fähigkeiten in Theorie und Praxis lehren, die wir im Umgang mit dem Pferd benötigen – idealerweise in der richtigen Reihenfolge.

Egal, für welche Art des Reitens oder für welchen Umgang mit dem Pferd wir uns entschieden haben, sie alle haben ihre eigenen Prinzipien und erfordern vom Menschen Wissen, eine bestimmte Einstellung und gewisse Fähigkeiten:

- Im Horsemanship nach US-Vorbild kommt es zum Beispiel darauf an, Druck und das Nachgeben des Drucks genau zu dosieren, um mit dem Pferd möglichst genau und klar kommunizieren zu können. Der Horseman ist deswegen geübt im Umgang mit Knotenhalfter, Leadrope beziehungsweise Führseil oder Lasso. Er weiß, dass er die Hilfen stets fein gibt und erst bei Bedarf das Pferd mit einer Verstärkung an die gewünschte Reaktion erinnert.

- Wer Clickertraining betreibt, kennt die vier Quadranten der operanten Konditionierung mit positiver und negativer Belohnung und Strafe. Er weiß, was Signalkontrolle, Shaping, Jackpot und Target bedeuten, und ist in der Lage, das Training kleinstschrittig aufzubauen, um dem Pferd das Verständnis zu erleichtern.

- Der Dressurreiter lernt, sich nicht mit den Händen am Zügel auszubalancieren und nicht mit den Beinen zu klemmen. Er kennt das Zusammenspiel von inneren und äußeren Hilfen und weiß, wie und wann er eine halbe Parade einsetzen sollte.

Diese Methoden und Systeme gibt es, weil sie für viele Pferde und Menschen funktioniert haben – über Jahrzehnte, sogar über ein Jahrhundert hinweg. Lässt man sich darauf ein, kann man vom Wissen anderer profitieren, von ihren Fehlern lernen und muss sich nicht alles selbst erarbeiten. Denn Pferdeverstand ist nicht gleichbedeutend mit gesundem Menschenverstand. Was an sich sehr vernünftig erscheint, kann am Pferd kontraproduktiv sein: etwa die Kontrolle behalten zu wollen, indem man die Zügel oder den Führstrick fest packt, oder auszuweichen, wenn sich 500 Kilogramm Pferd zielstrebig nähern. Man lernt schnell, dass Kontrolle nicht durch Festhalten gewährleistet wird, sondern durch Loslassen, indem man dem Pferd Freiraum gibt und keine Gegendruckreflexe auslöst. Man lernt, dass man durch Präsenz und Körpersprache durchaus in der Lage ist, auch 500 Kilogramm Pferd zu stoppen und zu führen – und dass dies Mensch und Pferd Sicherheit gibt.

Folgt man einem System, startet man nicht bei null. Es stellt einem bereit, was man benötigt, hilft, strukturiert zu lernen und gut vorbereitet zu sein.

Die Limitierungen von Systemen und Methoden

Folgt man einer Methode, erwartet man auch, dass sich die Erfolge entsprechend schnell einstellen und man sein Ziel ohne Umwege erreichen kann. Nun erweist sich, was in der Theorie so leicht aussieht, aber oft als kniffeliger als erwartet. Gerade weil der Begründer eines Systems oder seine Ausbilder deutlich mehr Erfahrung mitbringen als man selbst als Lernender. Sie wissen, wie man worauf am besten reagiert, und verhindern so, dass Probleme überhaupt entstehen, während man selbst sie erschafft und dann nach einer Lösung sucht.

Um sicherer beim Reiten zu werden, nimmt man Unterricht. Dabei folgt man dem System des Reitlehrers. Ob einem System zu folgen oder auf die eigene Intuition (und dabei auf sein Pferd) zu hören der bessere Weg ist, muss jeder für sich selbst entscheiden. *Foto: Christiane Slawik*

Es lohnt sich also, stets einen Blick auf den oder die Menschen hinter einem System zu werfen. Diese Trainer bringen meist ganz andere Voraussetzungen mit als man selbst, sind sportlicher, sattelfester, haben bessere Trainingsmöglichkeiten oder talentiertere Pferde.

Hinzu kommt: Damit ein System für möglichst viele Pferde anwendbar und für den Menschen leicht zu erlernen ist, wird stark vereinfacht. Dabei fallen Pferde (und Menschen) durch das Raster, die nicht die gängigen Eigenschaften aufweisen, die vielleicht sensibler sind oder Traumata mitbringen. Denn nicht alle individuellen Besonderheiten können einsortiert werden. Deswegen haben Systeme im Pferdetraining durchaus den Ruf, ein Schema-F-Ansatz zu sein, der dem Pferd einfach übergestülpt wird.

Methoden und Techniken anwenden

Individuelles Pferdetraining anhand von festen Plänen, Vorgaben und Checklisten ist fast ein Ding der Unmöglichkeit. Methoden sind eben nur eine grobe Anleitung, ausführen muss man sie selbst: Am Pferd reicht es nicht, eine Reihe von Techniken bloß zu beherrschen. Es ist eine intensive Aufgabe, sie mit Augenmaß anzuwenden – und bei Bedarf auch anzupassen. Dabei hilft einem nur der eigene Maßstab und nicht der des anderen.

Nicht nur das, *was* man konkret übt, sondern auch das *Wie*, die Art der Ausführung, bestimmen über Erfolg und Misserfolg. Man muss sich auf das Pferd einstellen und entsprechend auf seine Bedürfnisse reagieren, auf seine Sensibilität eingehen, seine Erfahrungen berücksichtigen. Wie das konkret geht, kann einem keine Methode verraten, das muss man selbst herausfinden – gemeinsam mit dem Pferd, durch Versuch und Irrtum und genaues Hinsehen.

Unterschiede oder Widersprüche in den Systemen

Das Interessante ist, dass manche zentrale Wahrheiten nicht systemübergreifend gelten: Was in einer Lehre als Standard gilt, ist in einer anderen verpönt.

- Lenken am inneren Zügel lässt jeden Dressurreiter erschauern, im Westernreiten gehört das dazu.
- Wenn ein Pferd den Menschen beim Clickertraining bedrängt, kann es sein, dass sich der Mensch abwendet und die Kommunikation abbricht. Im Horsemanship würde man das Pferd zurückschicken und seinen persönlichen Raum verteidigen, aber nicht vor dem Pferd weichen.
- Die deutsche Dressur nutzt das Zusammenspiel von Zügelhilfen und treibenden Schenkelhilfen; in der französischen Dressur gilt das Statut „Hand ohne Bein – Bein ohne Hand“.
- Im klassischen Horsemanship, wenn Pferde auf einen Reiz, wie einen Rappelsack, abgehärtet werden sollen, nimmt man diesen Reiz weg, sobald das Pferd keine Angstreaktion mehr zeigt oder etwas ruhiger wird. Das fürs Pferd angenehme Aussetzen des Drucks soll ihm hier das richtige, erwartete Verhalten zeigen. In einer neuen Strömung des Pferdetrainings setzt man den Reiz dagegen aus, sobald das Pferd Anzeichen von Unwohlsein zeigt, um ihm zu kommunizieren, dass man seine Probleme wahrnimmt, und um eine Verbindung über Empathie aufzubauen.

Wer Methoden und Systeme mischen will, sollte bereit sein, diese Widersprüche zu vereinen. Da Methoden stets in konkreten Schritten in einer gewissen Reihenfolge aufeinander aufbauen, muss man genau verstanden haben, was die Logik dahinter ist, wenn man sich einzelne Teile oder Ideen herauspicken will, um seinen eigenen Mix zu kreieren. Sonst fehlen die Voraussetzungen.

Orientierung durch Prinzipien und Intuition

Was kann uns denn bei all den Möglichkeiten anleiten? Es sind unsere Prinzipien, denn sie bilden die Basis für das, was wir tun, und geben uns Orientierung, ob wir auf dem richtigen Weg mit unserem Pferd sind.

Woher kommen diese Prinzipien nun? Wir können sie von anderen übernehmen, weil sie uns sinnvoll erscheinen. Die Väter der Horsemanship-Bewegung Mitte des vergangenen

Jahrhunderts in den USA basierten ihr Training zum Beispiel auf klaren Leitlinien, die sich bis heute gehalten haben. Sie lauten unter anderem:

- *„Make the wrong thing difficult and the right thing easy."* (Erschwere das falsche Verhalten und erleichtere das richtige Verhalten.)

Oder:

- *„Pressure motivates, release teaches."* (Druck motiviert, Loslassen lehrt.)

Jede Übung muss beim Training erarbeitet werden, dabei gehören Anpassungen dazu. Jede Reaktion des Pferdes sollte aufmerksam beobachtet werden. *Foto: Isabel Tomczyk*

Da Prinzipien allgemein formuliert sind und keine konkrete Situation beschreiben, geben sie Handlungsspielraum und erlauben es, auszuprobieren. Zu Prinzipien können zum Beispiel gehören: „Keine Ausrüstung, die Zwang beinhaltet" – keine Ausbinder, keine Sperrriemen und keine schärferen Gebisse für mehr Kontrolle. Oder: „Haltung vor Training." Die gute, pferdegerechte Haltung stellt die Basis für alles dar, vor allem für ein pferdegerechtes Leben. Sie muss sichergestellt werden, die Bedürfnisse des Reiters und Ausbilders stehen hinten an und das (Bauch-)Gefühl kommt ins Spiel: Prinzipien müssen nicht nur rational passen, sondern sich auch richtig anfühlen. Die innere Stimme leitet uns. Sie weist uns als Intuition den Weg und ist ein wichtiger Kompass, wie man sich seinem Pferd gegenüber orientieren will.

Hinhören und hineinfühlen

Die eigene Intuition, das Bauchgefühl, aber auch die Wahrnehmung können dazu führen, dass man sich zu einem System hingezogen fühlt oder sich von ihm lösen will. Es gilt also, die innere Stimme nicht verstummen zu lassen. Das kann auch bedeuten, sich selbst mehr zuzutrauen, zu vertrauen, von den vorgezeichneten Pfaden abzuweichen. Etwa, indem man anders reagiert, als es eine Methode vorsieht: wenn ein ängstliches Pferd Schutz beim Menschen sucht und man es herankommen lässt, statt auf seinem persönlichen Raum zu bestehen. Oder indem man es Gras fressen lässt als Belohnung, während die Methode dafür nur die Pause vorsieht.

Es ist also die Aufgabe des Menschen, hinzuhören, hinzufühlen, selbst zu beobachten, zu denken. Deswegen sollte man sich Freiräume für Experimente nehmen, Dinge einfach einmal laufen lassen und sehen, wohin das führt, wenn man nicht dem Plan folgt. Die Intuition kann einen als starke Stimme führen – oder warnen, den Galopp im Gelände besser nicht zu starten, weil im wahrsten Wortsinn etwas im Busch ist, oder auffordern, dem Pferd zu vertrauen und den Ausritt gebisslos und bei kaltem Wetter doch zu wagen.

Individualität im System – das letzte Wort hat immer das Pferd

Die amerikanische Pferdetrainerin Stacy Westfall sagt sinngemäß: „Don't do less of a bad thing." Man tut etwas, das einem eigentlich widerstrebt, in geringerem Ausmaß, und hofft, dass das helfen wird. Das kann so aber nicht klappen. Was sich falsch anfühlt, wird nicht besser, indem man weniger davon tun. Man will zum Beispiel nicht hart am Zügel ziehen, zu dem der Reittrainer vielleicht auffordert, also zieht man, aber weniger stark. Man will den Druck als höchste Phase im Horsemanship-Training nicht eskalieren lassen, also touchiert man das Pferd – aber etwas sanfter. Wenn man nicht voll und ganz hinter den Handlungen steht, ist es besser, es gleich ganz zu lassen. Das Pferd überzeugt man so nicht, und das moralische Dilemma kann man ebenfalls nicht lösen.

Deswegen ist es so wichtig, Systeme und Methoden mit seinen eigenen Werten und Prinzipien abzugleichen. Denn am Ende ist man keinem System, keinem Trainer verpflichtet, sondern nur seinem Pferd – und seinem Gewissen.

Das beantwortet auch die Frage, wessen Meinung man am Ende das größte Gewicht verleihen sollte – seinem eigenen Pferd. Es gibt die Rückmeldung, die zählt. Damit übernimmt man die Verantwortung für das Wohlergehen des Pferdes und überträgt sie nicht „dem System".

Auch wenn „Einem-System-Folgen“ als der einfachere Weg erscheint, sollte man bei seinem eigenen Pferd auf das Bauchgefühl hören.

Das eigene Pferd – nur bedingt systemkompatibel

Mein eigenes Ziel war es stets, mit Gebiss zu reiten. Im Horsemanship steht eine einfache Wassertrense am Beginn der Ausbildung, mit der jedes Pferd klarkommen sollte. Ich habe mein Pferd gut vorbereitet, ihn das Gebiss bei der Bodenarbeit tragen lassen, bis er es mit ruhigem Maul in allen Gängen tragen konnte – ohne Nasenriemen. Beim Reiten war das allerdings nicht möglich. Mein Pferd nörgelte in einem fort, kaute auf dem Gebiss, leckte und schäumte, sperrte das Maul auf: An harmonisches Reiten war nicht zu denken, das Gebiss war ein ständiger Störfaktor und eine stete Ablenkung. Auf Anraten meiner Reitlehrerin und nicht gerade begeistert, von meinem Plan abweichen zu müssen, wechselte ich auf gebisslos. Heute sind wir mit einem Bosal, auch Kalifornische Hackamore genannt, unterwegs (nicht zu verwechseln mit der mechanischen Hackamore!). Mein Pferd läuft zufrieden und entspannt. Sein „Okay“ gibt er mir jedes Mal, wenn ich ihm das Bosal anziehe und er von sich aus mithilft und hineinschlüpft.

Ich komme auf das Prinzip „Pressure motivates, release teaches“ zurück. Es bedeutet: Druck veranlasst das Pferd, etwas zu tun, zum Beispiel auf eine Berührung hin die Hinterhand herumzuschwenken. Lässt der Druck nach, versteht das Pferd, dass es richtig reagiert hat. Diese Pause gilt deswegen als Belohnung schlechthin. Viele Horsemen sind der Meinung, dass wir unseren Pferden damit das größte Geschenk machen. Meinem Wallach reicht das nicht. Werde ich zu still, fühlt er sich verloren. Er liest das als einen Abbruch der Kommunikation und das verwirrt ihn. Mein Pferd braucht die stete Verbindung, die Rückmeldung durch mich, und das Gefühl, im Dialog zu sein.

Dasselbe gilt auch für das Loben: Pause als Abwesenheit von Druck reicht also nicht aus. Er braucht aktives Lob – in Form von Stimme und Berührung.

Am Schluss zählt nur das Gefühl des eigenen Pferdes für ein wohliges Zusammengehörigkeitsgefühl. *Foto: Isabel Tomczyk*

Nun ist gerade Stimmlob in Horsemanship-Kreisen nicht gängig: Man orientiert sich dabei an der Natur der Pferde, die sich kaum über Lautäußerungen verständigen, und imitiert sie. Mein eigenes Pferd legt aber Wert darauf, und meine Stimme unterstützt ihn, wenn er Angst bekommt, weil sie eine verbale Verbindung darstellt, sodass er mit den Gedanken wieder zu mir zurückfindet, statt etwas Gruseliges zu fixieren. So viel zum Thema Bauchgefühl und auf die Intuition hören. So viel Sicherheit Systeme auch geben, kein System kann die intuitive Verbindung des Pferdes zu seinem Menschen ersetzen.

Nadja Müller ist Journalistin und Pferde-Bloggerin. Als notorisch Hinterfragende machte sie sich schon früh auf die Suche nach einem besseren Umgang mit dem Pferd und fand ihn in den Prinzipien und dem Pragmatismus des amerikanischen Horsemanship. Sie strebt stets den „besten Deal" für das Pferd an – frei von Dogmen und offen für verschiedene Denkansätze. Ob sie auf dem Holzweg ist oder nicht, erfährt sie schlussendlich von ihrem Quarter-Horse-Wallach. **www.verstehepferde.de**

Anzeige

SYSTEMISCHES COACHING MIT PFERDEN

Unterstütze Dich, dein Pferd und andere in ihrer Persönlichkeitsentwicklung

Erlerne, erfahre und experimentiere, wie Pferde als Coach bewusst wirken können. Stärke dein Selbstvertrauen und trainiere deine Intuition.

Freiheitlich & Pferdegerecht

SCAN ME

Alexandra Lohr Akademie Pferdegestütztes Coaching (bewusst-wirken.de)

Mineralstoffe

– Elemente des Lebens

von Elke Malenke

Foto: www.shutterstock.com/Deemerwha studio (Hand), Foto: Christiane Slawik (Pferde)

Mineralstoffe – sie sind wichtig für jede einzelne Zelle und für die Körperfunktionen. Herrscht ein Mangel an ihnen, kann das weitreichende Folgen haben und wir fühlen uns krank. Genauso geht es unseren Pferden. Ein Grund mehr, diesen kleinen Stoffen mehr Aufmerksamkeit zu widmen. Gehen wir den Mineralstoffen auf den Grund!

Wenn man in die Welt der Mineralstoffe eintaucht, ist man schnell fasziniert. Fasziniert, weil es sich um einzelne Elemente handelt, die alles in unserem Körper bestimmen, das Leben in Reinform – pur sozusagen. Mineralstoffe geben unserem Leben Geschmack und manchmal auch Farbe, je nachdem, um welche Mineralien es sich handelt und in welcher Verbindung sie vorliegen. Sie kommen in der Natur in anorganischer Form vor und werden über die Nahrung, die Luft oder das Wasser vom Körper aufgenommen. Mineralstoffe sind das Grundgerüst des Lebens, ohne sie wäre keine Körperfunktion möglich. Ohne Calcium könnte kein Knochen aufgebaut werden, ohne Schwefel gäbe es keine Haare, ohne Natrium und Chlor könnte unsere Niere nichts ausscheiden. Von diesen Elementen sind alle Lebewesen abhängig, jeden Tag werden Mineralien in Stoffwechselprozessen verbraucht und müssen wieder neu aufgenommen werden.

Auch wenn manch einem jetzt eine unangenehme Erinnerung an den Chemieunterricht in der Schule kommt, werfen wir doch trotzdem mal einen Blick auf den oberen Teil des Periodensystems und schauen uns an, von welchen Elementen wir eigentlich reden:

H																		He
Li	Be												B	C	N	O	F	Ne
Na	Mg												Al	Si	P	S	Cl	Ar
K	Ca	Sc		Ti	V	Cr	Mn	Fe	Co	Ni	Cu	Zn	Ga	Ge	As	Se	Br	Kr
Rb	Sr	Y		Zr	Nb	Mo	Tc	Ru	Rh	Pd	Ag	Cd	In	Sn	Sb	Te	I	Xe

Im Periodensystem (nach Dmitri Mendelejew/Lothar Meyer), das die meisten von uns aus dem Chemieunterricht kennen, sind alle chemischen Elemente in einer Liste (geordnet nach steigender Kernladung) gereiht. Die Elemente sind so angeordnet, dass Elemente, die ähnliche Eigenschaften aufzeigen, in derselben Zeile und Spalte stehen. *Grafik: Elke Malenke*

Spurenelemente und Mikronährstoffe

Für den Körper wichtige Mineralstoffe werden unterteilt in Mengenelemente, Spurenelemente und Mikronährstoffe. Wie der Name schon sagt, kommen sie im Körper in unterschiedlichen Konzentrationen vor. Die Elemente, die der Körper am meisten braucht und im Gramm-Maßstab täglich aufgenommen werden, werden als Mengenelemente bezeichnet. Die Elemente, die weniger benötigt werden und bei denen der tägliche Bedarf schon eher im Milligramm-Bereich liegt, als Spurenelemente. Und dann gibt es noch die Mikronährstoffe. Dabei bewegen wir uns im Mikrogramm-Bereich oder darunter. Sowohl Mengen- als auch Spurenelemente und Mikronährstoffe werden für eine normale Körperfunktion zwingend benötigt.

Die **grau** unterlegten Elemente Wasserstoff (H), Kohlenstoff (C), Stickstoff (N) und Sauerstoff (O) sind die Elemente, aus denen die Grundsubstanz des Körpers beziehungsweise aller Organismen besteht.

Die **grün** unterlegten Elemente zeigen die Mengenelemente. Dazu gehören Natrium (Na), Kalium (K), Magnesium (Mg), Calcium (Ca), Phosphor (P), Schwefel (S) und Chlor (Cl).

Die Spurenelemente sind hier **blau** unterlegt: Mangan (Mn), Eisen (Fe), Cobalt (Co), Kupfer (Cu), Zink (Zn), Selen (Se), Molybdän (Mo), Jod (I).

Jetzt sind noch wenige gelb unterlegte Elemente übrig, die zum Teil zu den Mikronährstoffen gehören oder zu denen es bis heute keine gesicherten Angaben gibt, ob diese für den Körper essenziell sind, also mit der Nahrung zwingend zugeführt werden müssen, oder nicht: Lithium (Li), Bor (B), Fluor (F), Silizium (Si), Vanadium (V), Chrom (Cr), Nickel (Ni), Arsen (As), Brom (Br), Rubidium (Rb) und Zinn (Sn).

Für alle anderen Elemente, die nicht unterlegt sind oder sich im unteren (nicht dargestellten) Teil des Periodensystems befinden, besteht bisher kein Nachweis, dass diese für den Körper wichtig sein könnten oder in funktionelle Prozesse im Körper eingebunden sind. Ein Teil dieser Elemente kann aber trotzdem in Haaren nachgewiesen werden. Cadmium (Cd) zum Beispiel gelangt als Folge der Umweltverschmutzung in den Körper und kann im Langhaar von Mähne und Schweif nachgewiesen werden. Gerade für Cadmium wird diskutiert, ob eine hohe Cadmiumexposition nicht einen Mangel an Selen und Zink nach sich zieht und auch für erhöhte Leberwerte verantwortlich ist.

Wie gelangen Mineralstoffe in den Körper?

Im Boden enthaltene Mineralstoffe werden durch (Regen-)Wasser gelöst und stehen in Form von Ionen den Pflanzen als Nährstoffe zur Verfügung. Über die Pflanzen werden sie nun vom Pferd in Form von Heu oder Gras aufgenommen, aber auch das Wasser selbst kann als Mineralstofflieferant dienen. Anders als Vitamine werden Mineralstoffe durch Lagerung nicht abgebaut. Sie bleiben zum Beispiel im Heu auch über den Winter erhalten und können weder zerfallen noch in andere Stoffe umgewandelt werden.

Einmal im Körper werden die Mineralstoffe durch Enzyme oder Mikroorganismen aus dem Nahrungsbrei gelöst und über bestimmte Transportproteine durch kleine, extra dafür vorgesehene Schleusen im Darm an ihren Bestimmungsort gebracht. Dabei ist fast jede Körperfunktion abhängig von bestimmten Mineralien.

Nicht zu unterschätzen ist der Anteil an Mineralstoffen, den Pferde über das Wasser aufnehmen. Bei einer natürlich entstandenen Wasserlache werden die Nährstoffe aus dem Boden ausgeschwemmt und stehen dem Pferd in flüssiger Form zur Verfügung. *Foto: Christiane Slawik*

Die Gretchenfrage: organisch oder anorganisch?

Da sich unsere Hauspferde nicht frei bewegen können und das Futter meist aus der Umgebung stammt, kann eine ausreichende Mineralstoffversorgung nicht immer gewährleistet werden, weshalb ein Mineralkonzentrat zugefüttert werden sollte. Hier scheiden sich dann aber meist die Geister. Während die einen auf organisch gebundene Mineralien schwören, sind für andere anorganisch gebundene Mineralien das Mittel der Wahl.

Organisch bedeutet, dass mindestens ein Kohlenstoffatom (C) in dieser Verbindung vorkommt und der Mineralstoff an ein Protein beziehungsweise eine Aminosäure gebunden ist, also zum Beispiel das Selen als Selenomethionin oder das Zink als Zinkchelat. Der Vorteil dieser Art von Bindung ist, dass der Körper den Mineralstoff so auf jeden Fall aufnimmt, da er in erster Linie das Protein über den Aminosäuretransporter aufnimmt und der Mineralstoff sozusagen nur als Zusatzstoff mit in den Körper kommt.

In anorganischer Form hätten wir beim Selen das Natriumselenit oder beim Zink ein Zinksulfat, also ein Salz. In der anorganischen Form finden wir hinter dem Mineralstoff Endungen wie -sulfat, -carbonat oder -oxid. Die anorganische Form wird im Darm gezielt aufgenommen, sodass man nicht Gefahr einer Überdosierung läuft. Denn wie so oft gilt bei den Mineralstoffen auch: Viel hilft nicht immer viel. Auch Mineralstoffe können überdosiert werden. Da lohnt es sich schon mal, die Deklarationen der Futtermittel genauer anzuschauen und gerade bei den kritischen Mineralien wie Selen

Lecksteine enthalten neben Salzen auch Mineralstoffe. *Foto: Christiane Slawik*

oder Eisen zusammenzurechnen, was das Pferd täglich bekommt.

Bei den anorganischen Mineralien wird das, was zu viel ist, direkt über den Darm wieder entsorgt. Bei organisch gebundenen Mineralien muss es entweder aktiv über Niere oder Darm wieder entsorgt werden oder (was noch viel schlimmer ist) der Mineralstoff wird im Körper gespeichert, da dieser nicht entsorgt werden kann. Eisen kann der Körper nur schwer wieder loswerden. Ein Überschuss an Eisen kann deshalb zu Leberschädigungen führen.

Der Mineralstoffbedarf des Pferdes

Der tägliche Bedarf an Mineralstoffen hängt immer auch von äußeren Faktoren ab, wie dem Alter oder der Nutzung des Pferdes. Wirft man einen Blick auf die Mengen- und Spurenelemente, so sieht man, dass in der Regel bei durchschnittlichen Gehalten im Futter meist eine ausreichende Versorgung gewährleistet ist. (Um es besser vergleichen zu können, sind die Werte schon auf den Grundbedarf an Heu für ein 500 Kilogramm schweres Pferd berechnet. Da die wenigsten Pferde ihren Grundbedarf mit Gras decken können und nur stundenweise auf die Weide gehen, ist die Angabe für das Gras in g/kg):

Element	Täglicher Bedarf g/500 kg LM	Gehalt in Heu g/10 kg	Gehalt in Gras g/kg
Calcium	17,4	43	1,1
Phosphor	13,7	26	0,7
Natrium	3,3	5	0,2
Chlor	1,6	67	1,6
Magnesium	5,6	17	0,4
Kalium	14,7	27	5

Element	Täglicher Bedarf mg/500 kg LM	Gehalt in Heu mg/10 kg	Gehalt in Gras mg/kg
Eisen	425	2000	225
Kobald	1	1,2	0,17
Kupfer	105	60	9
Mangan	425	1100	130
Zink	425	300	30
Selen	1,05	1,0	0,04
Iod	1,6	2,7	0,4

Ein Selenüberschuss kann zu schlechter Huf- oder Haarqualität führen. *Foto: Christiane Slawik*

Diese Mengen gelten für Pferde im Erhaltungsbedarf. Wird das Pferd regelmäßig gearbeitet, steigt vor allem der Bedarf an Natrium, Kalium und Chlor, da diese Mineralstoffe über den Schweiß ausgeschieden werden. Für den Bedarf an Natrium und Chlor sollte stets ein Salzleckstein zur Verfügung stehen.

Es muss natürlich immer berücksichtigt werden, von welchen Böden das Heu/Gras stammt und wie viel das Pferd über das Grundfutter aufnimmt. Die Werte in der Tabelle beziehen sich auf durchschnittlich gemessene Werte in Heu und Gras, diese können aber je nach Region stark über- oder auch unterschritten werden. Ist der Boden sehr calciumreich, wie in den Mittelgebirgen oder den Alpen, ist sicher der tägliche Bedarf an Calcium gedeckt, anders als auf Sand- oder Moorböden. Wird das Heu gewässert, werden ebenfalls Mineralien – bis auf Calcium, da dieses schwer löslich ist – ausgewaschen.

Manche Pflanzen enthalten mehr dieser Mineralstoffe, was entweder an der Pflanze an sich liegen kann, aber auch vom Standort und der Nährstoffaufnahme aus dem Boden abhängen kann. So enthalten Kleesorten (Leguminosen) wie Luzerne zum Beispiel mehr Calcium als Gräser. Sowohl für den Calcium- als auch für den Magnesiumgehalt im Heu gilt: Je rohfaserreicher und blattärmer das Heu ist, desto ärmer an Calcium und Magnesium. Den Kalium- und Kupfergehalt des Futters kann man durch Düngung beeinflussen. Je mehr gedüngt wird, desto höher ist der Gehalt an Kalium beziehungsweise Kupfer, sofern dieses dem Dünger zugesetzt ist.

Neigt das Pferd dazu, Erde zu fressen oder ständig Dinge abzulecken, kann ein Mangel an Mikronährstoffen dahinterstecken. *Foto: Christiane Slawik*

Will man genaue Zahlen wissen, kann man das Heu/Gras auf die Mengen- und Spurenelemente untersuchen lassen. In der Regel kommt es bei zusätzlicher Fütterung eines Mineralfutters mit anorganischen Mineralstoffen und ausreichender Proteinversorgung zu keinen Mangelerscheinungen im Mineralienhaushalt des gesunden Pferdes. Warum haben dann aber so viele Pferde einen (scheinbaren) Selenmangel und warum sind die Zinkwerte so schlecht? Durch eine Vielzahl von Zivilisationskrankheiten, Umweltgiften und auch eine unkontrollierte Gabe organisch gebundener Mineralstoffe sind die gesunden Pferde mittlerweile rar geworden. Bei chronischen Entzündungen, wie sie in Zivilisationskrankheiten (EMS) vorkommen, ist beispielsweise der Zinkbedarf erhöht. Viele Pferde sind mit Selen überversorgt, was sich in schlechter Horn- und Haarqualität bis hin zur Insulinresistenz äußert. Hier gilt es, Ursachenforschung zu betreiben und nicht wahllos ohne entsprechende Diagnostik einen Mineralstoff in hoher Dosierung zuzufüttern. Man erreicht damit vielleicht kurzfristig eine Änderung, aber die Ursache ist auf Dauer nicht behoben.

Speicherung im Körper

Mineralstoffe werden im Körper gespeichert, sodass auch ein kurzfristiger Mangel nicht sofort schwerwiegende Auswirkungen hat. Diese Speicher werden wieder aufgefüllt, wenn wieder ausreichend Nährstoffe zur Verfügung stehen. Selbst bei leeren Speichern ist der Körper oft noch in der Lage, über andere Mineralstoffe oder Stoffwechselprozesse zu kompensieren. Erst wenn dieser Mangel über längere Zeit besteht, beginnen sich Symptome einer Mangelversorgung zu zeigen.

Bei einem Mangel an Mikronährstoffen wie Fluor, Chrom, Zinn, Molybdän und Bor kann Seealgenmehl, das sehr mineralstoffreich ist und auch viele dieser Mikronährstoffe enthält, kurweise zugefüttert werden.

Den Bedarfswerten an Mineralstoffen liegt die Tabelle der Gesellschaft für Ernährungsphysiologie (GfE) zugrunde. Vergleicht man die letzte Tabelle von 1994 mit der neuesten Tabelle von 2014, sieht man, dass bei vielen Mineralstoffen die Werte erheblich nach unten korrigiert wurden. Ob sich dieser Trend fortsetzt und die Werte noch mehr nach unten korrigiert werden, wird sich in den nächsten Jahren zeigen.

Zusammenfassend kann man sagen, dass der Bedarf an Mineralstoffen in der Regel bei Pferden im Erhaltungsbedarf gedeckt ist. Lediglich wenn Gras und Heu von sehr mineralarmen Böden gefüttert wird, ist eine Unterversorgung möglich. Dabei kann mit entsprechenden Mineralfuttern entgegengewirkt werden.

Welche Funktion die einzelnen Mineralstoffe im Körper haben, welche Mineralstoffe sich gegenseitig hemmen und wie man eine Unterversorgung erkennen kann, werden wir in den nächsten Ausgaben besprechen.

Elke Malenke ist Dualaktivierungs®- und Equikinetic®-Trainerin für Pferde und Caniskinetic®-Trainerin für Hunde, Therapeutin für Akupunktmassage nach Penzel an Pferd und Hund und Pferdefütterungsexpertin nach Dr. Christina Fritz. Training, Fütterung und Gesundheit gehören untrennbar zusammen, so ist ein Konzept rund um das Pferd entstanden. Ihr Wissen gibt sie auch gern in Vorträgen, Seminaren und Kursen weiter.
www.equus-solis.de

NATURAL HORSE JETZT AUCH DIGITAL LESEN UND GELD SPAREN*

Foto: Christiane Slawik

*... und einen Beitrag zum Umweltschutz leistest du auch noch

epaper als Einzelheft bestellen und sofort herunterladen für nur € 8,33 statt € 11,80.

epaper als Digital-Abo für € 49,99 statt € 57,- (D; € 69,- Ausland) bestellen und pünktlich zum Erscheinungstag das Magazin im Email-Eingang haben.

Wir versenden dir ein PDF, das du so oft, wie du magst, anschauen kannst. Richtig gespeichert, hast du bald eine schöne digitale Bibliothek deiner Natural Horse-Magazine. Das Digital-Abo kannst du jederzeit zum Ende des Abo-Zeitraums kündigen.

www.naturalhorse.de
in touch with your horse

Foto: Shutterstock/Farknot Architect

Woran erkenne ich einen guten Therapeuten?

7 Tipps, den richtigen zu finden

von Dr. Christina Fritz

Foto: Christiane Slawik

Das Fell des Lieblings wird trotz aller Pflege immer struppiger, die Taktunreinheiten wollen partout nicht aufhören, und jetzt hat er seit Neuestem auch noch Kotwasser. Der Tierarzt ist ratlos, also mal flugs im Internet nachgeschaut. Ob über die Suchmaschine oder in den einschlägigen Foren der sozialen Medien – irgendjemand muss doch helfen können, damit es endlich mal wieder bergauf geht mit der Gesundheit. Woran aber erkenne ich, ob diejenigen, die mir Ratschläge erteilen, kompetent sind? Im Internet kann sich schließlich jeder als „Experte" verkaufen.

Früher war die Pferdewelt in vieler Hinsicht einfacher. War das Pferd krank, rief man den Tierarzt. Der hatte Veterinärmedizin studiert und half dem Pferd schulmedizinisch. Mit der Zeit tauchten aber immer mehr alternative Therapiemethoden auf, die meistens vom Menschen auf das Pferd übertragen wurden. So hat man heute die Auswahl zwischen verschiedensten Therapeuten, die eine schier unübersichtliche Anzahl von Therapiemethoden anbieten. Ob der Osteopath für den Rücken, der Tierheilpraktiker für die Traumabehandlung oder der Ernährungsberater für den Stoffwechsel zuständig ist – wer die Wahl hat, der hat die Qual. Und eine ansprechende Website macht leider noch keinen guten Therapeuten. Wie finde ich also den passenden und kompetenten Therapeuten für mein Pferd?

1. Spezialisten sind meist besser als Generalisten

Die Spezialisierung auf Fachgebiete kann durchaus sinnvoll sein, denn das Pferd ist ein komplexes Lebewesen. Wer sich beispielsweise auf die Themen Biomechanik und Bewegungsapparat beim Pferd spezialisiert, wird allein schon aufgrund seiner täglichen Routine eine bessere Lahmheitsdiagnostik und -therapie erstellen als jemand, der alles von Homöopathie bis Osteopathie für Pferd, Hund, Katze und Meerschweinchen anbietet. Allerdings macht die Spezialisierung auf Fachgebiete es nicht gerade einfacher für den Pferdebesitzer, daraus den richtigen Therapeuten zu wählen. Denn oft ist dem Pferdebesitzer gar nicht so ganz klar, welches Fachwissen oder welche Anwendungen hinter welchem Begriff stecken oder wie sich die Berufsgruppen unterscheiden.

Osteopathie	Blockierungen im Bewegungsapparat, unspezifische Lahmheiten/Taktunreinheiten (tierärztlich abgeklärt), Rückenprobleme, daraus resultierende Rittigkeitsprobleme
Chiropraktik	Blockierungen im Bewegungsapparat, unspezifische Lahmheiten/Taktunreinheiten (tierärztlich abgeklärt), Rückenprobleme, daraus resultierende Rittigkeitsprobleme
Physiotherapie	Muskelverspannungen, empfindliche Sattellage (zusammen mit Sattelanpassung durch Sattler), Muskelverkürzungen/Sehnenverkürzungen und daraus resultierende Taktunreinheiten
Craniosacraltherapie	Blockierungen im Bewegungsapparat mit Fokus auf Schädel und Wirbelsäule, vor allem wenn manuelle Methoden (Osteopathie/Chiropraktik/Physiotherapie) keinen nachhaltigen Erfolg bringen, Blockierungen im Fasziensystem, Störungen im Hormonsystem, einige Verhaltensauffälligkeiten (Headshaking), nach Zahnbehandlungen
Lymphdrainage	Spezielle Massagetechnik bei Lympheinlagerungen, zum Beispiel angelaufenen Beinen („Ruhetagsphlegmone")
Akupunktur	Probleme im Bewegungsapparat, die nicht manuell (Osteopathie/Chiropraktik/Physiotherapie) gelöst werden können, Stoffwechselstörungen, Störungen des Allgemeinbefindens, Unterstützung anderer Therapiemethoden
Akupressurmassage (APM), Shiatsu	Probleme im Bewegungsapparat, die nicht manuell (Osteopathie/Chiropraktik/Physiotherapie) gelöst werden können, Stoffwechselstörungen, Störungen des Allgemeinbefindens, Unterstützung anderer Therapiemethoden
Ernährungsberatung	Übergewicht, Mangelernährung, Mangelerscheinungen (Mineralien), Verdauungsstörungen (Kotwasser, Koliken), Leistungsmangel, einige Verhaltensauffälligkeiten (Hypernervosität)
Stoffwechseltherapie	Übergewicht, Mangelernährung, Verdauungsstörungen, Zivilisationskrankheiten (Hufrehe, Sommerekzem, chronischer Husten …), chronische Stoffwechselstörungen (Insulinresistenz, Cushing, Entgiftungsstörungen wie Kryptopyrrolurie), Allergien
Tierheilpraktik	Gestörtes Allgemeinbefinden, unspezifische Erkrankungen, Verhaltensauffälligkeiten, Schwerpunkte meist auf Homöopathie und Phytotherapie
Tierenergetik	Gestörtes Allgemeinbefinden, Verhaltensauffälligkeiten, Störungen des Energiefelds, Tierenergetiker dürfen nicht an kranken Pferden tätig werden (österreichische Rechtsprechung)

Dazu sollte man wissen: Alle diese Berufsbezeichnungen sind nicht geschützt. Beim Tierarzt kann man sich noch sicher sein, dass dieser zumindest ein Studium der Veterinärmedizin erfolgreich abgeschlossen haben muss, um seine Approbation zu erhalten. Jeder weiß, dass es hier – wie in jedem Beruf – gute und schlechte gibt, jedoch alle bringen eine gewisse Grundkenntnis ihres Arbeitsgebiets mit und sind durch eine „Qualitätskontrolle“ gelaufen, sonst hätten sie ihr Studium nicht beenden können.

Aber „Pferdeosteopath“ ist kein geschützter Begriff. Jeder, der einmal ein Buch zu dem Thema gelesen oder ein Wochenendseminar besucht hat, kann sich so nennen und seine Dienste feilbieten. Dasselbe gilt für Akupressurmassage-Therapeuten, Tierheilpraktiker, Ernährungsberater, und selbst den österreichischen Energetiker, den man nur als Gewerbe anmelden muss, für den aber keine Überprüfung der Qualifikation stattfindet. Nur der Begriff „Tierarzt“ ist geschützt, alle anderen Berufsbezeichnungen kann jeder frei verwenden, ob qualifiziert oder nicht.

Es gilt also im Therapiebereich dasselbe wie beim Thema Sattel oder Hufe: Man muss praktisch selbst zum Fachmann werden, um die Arbeit des Fachmanns beurteilen zu können, denn eine objektive oder staatliche Kontrolle der Qualität und Leistung gibt es nicht.

2. Ein informativer Webauftritt

Es ist heutzutage überaus einfach, eine Website zu erstellen und sie einigermaßen professionell aussehen zu lassen. Allerdings sollte man dabei genau hinschauen, denn schöne Hochglanzfotos machen noch keine gute Therapie. Irgendwo auf der Website sollte immer ein Bereich zu finden sein, der die Ausbildung(en) beschreibt. Ob als kompletter Lebenslauf von der Schule bis heute inklusive Jahreszahlen oder nur die absolvierten relevanten Ausbildungen und Ausbildungsinstitute: Es sollte klar werden, was und wo derjenige gelernt hat und welche Abschlüsse vorliegen.

Außerdem sollte deutlich sein, wo es sich um (längere und komplexere) Ausbildungen handelt und wo um (Wochenend- oder Online-)Fortbildungen. Natürlich ist es wichtig, immer am Ball zu bleiben und sich ständig über neue Techniken und Methoden zu informieren. Wer aber nur drei Wochenendfortbildungen oder zwei Abend-Webinare besucht hat, dürfte deutlich weniger kompetent sein als jemand, der eine ein- oder mehrjährige Ausbildung inklusive Abschlussprüfung absolviert hat.

Ebenso sollte man sich das oder die Ausbildungsinstitute anschauen. Es lohnt sich, einen Blick auf deren Website zu werfen. Wenn man davon noch nie gehört oder gelesen hat, muss das nichts heißen. Es deutet aber darauf hin, dass es entweder noch ganz neu am Markt ist oder die Ausbildung nicht besonders gut besucht, denn sonst wären vermutlich mehr von dort stammende Therapeuten unterwegs. Da man für so eine Ausbildung viel Zeit und Geld in die Hand nimmt, checkt man als angehender Therapeut normalerweise vorher ganz genau, wie gut ein Ausbildungsinstitut ist. Gute Schulen sind daher meist auch gut besucht.

3. Was nichts kostet, ist nichts wert?

Diesen alten Spruch kann man hier ziemlich treffend anwenden. Denn schaut man in die einschlägigen Foren in den sozialen Medien, sind dort haufenweise „Fachleute“ unterwegs, die einen kostenlos mit Ratschlägen versorgen. Als fundierter Therapeut hat man aber viel Zeit und Geld in seine Ausbildung(en) investiert. Man hat Erspartes, Urlaub und Wochenenden dafür geopfert und seine Freizeit mit dem Büffeln von Fachbegriffen und Handgriffen verbracht, statt mit dem eigenen Pferd durch den Wald zu traben. Bis man als Therapeut „sattelfest“ ist, hat man schnell 5.000–10.000 Euro investiert in Ausbildungsgebühren, Reisekosten, Fachbücher und Ausstattung.

Kaum jemand wird sein teuer erworbenes Wissen dann großzügig kostenlos in der Pferdewelt

Ein professionell wirkender Webauftritt sagt nichts über die Qualität des Therapeuten aus. Wichtig ist, wie das Pferd auf ihn reagiert und wie sich das persönliche Bauchgefühl anfühlt. *Foto: www.shutterstock.com_mapo_japan*

verteilen. Dass man der besten Freundin mit Rat und Tat hilft, ohne dafür Geld zu verlangen, ist wohl für die meisten selbstverständlich. Sicherlich aber nicht wildfremden Leuten im Internet. Daher handelt es sich bei „Dr. Facebook" meist um Leute, die das eine oder andere Buch gelesen haben und jetzt meinen, in der Therapeuten-Liga mitspielen zu können. Dasselbe gilt auch, wenn kostenlose „Ersttermine" angeboten werden oder wenn auf der Website des Therapeuten keine Ausbildungen angegeben sind, sondern wachsweiche Formulierungen, man habe das „im Selbststudium" gelernt, sei „Autodidakt", oder wenn generell auf nicht näher benannte Aus- und Weiterbildungen verwiesen wird. In solchen Fällen sollte man die Kompetenz stark hinterfragen.

4. Der Umgang mit dem Pferd spiegelt die innere Haltung

Hat man sich für einen Therapeuten entschieden und einen Termin vereinbart, dann steht dem ersten Zusammentreffen nichts mehr im Weg. Neben der Begrüßung des Besitzers sollte sich ein guter Therapeut auch immer beim Pferd „vorstellen". Denn aus Sicht des Pferdes ist es ausgesprochen unhöflich, ohne ein kurzes Beschnuppern gleich mal da hinzugreifen, wo es wehtut. Dann muss man sich nicht wundern, wenn das Pferd ungehalten reagiert.

Therapie ist keine Einbahnstraße. Jeder Handlung, die der Therapeut ausführt, folgt eine Reaktion des Pferdes. Diese kann Entspannung signalisieren, beispielsweise durch das Senken des Kopfes, Abkauen, Lecken oder sogar Gähnen. Oder sie kann auch als Abwehr oder Unwohlsein erfolgen, wie unwirsches Schweifschlagen, Ohren-Anlegen, Ausweichen oder Drohgebärden. Ein guter Therapeut nimmt diese Kommunikation des Pferdes auf und passt seine Therapie entsprechend an. Denn ein vor Zorn oder Schmerzen zähneknirschendes Pferd wird sich kaum so entspannen, dass man ein blockiertes Gelenk lösen kann.

Wird ein Pferd, das bis dato ruhig und entspannt dastand, plötzlich unruhig, dann signalisiert es meist, dass es genug hat und die Sitzung für heute beendet ist. Gerade bei Jungpferden reicht die Geduld für „Therapiegefummel" oft nicht allzu lang. Wer als Therapeut versucht, auf seine Stunden zu kommen, statt nach 20 Minuten aufzuhören, wenn das Pferd „Stopp" signalisiert, ist in der Pferdesprache nicht nur ausgesprochen unhöflich, sondern kann dafür sorgen, dass dieses Pferd den nächsten Therapeuten gar nicht erst zulässt. So haben Pferde, die anfangs besonders unruhig sind, ausweichen oder den Therapeuten abwehren wollen, in der Vergangenheit häufig negative Erfahrungen mit Therapeuten gemacht, die nicht so wirklich etwas von ihrem Handwerk verstanden. Man braucht viel Geduld, das Vertrauen wieder zu erwerben, und diese sollte ein guter Therapeut auch mitbringen.

Die erste Kontaktaufnahme vor einer Therapiesitzung sollte nicht nur dem Menschen, sondern auch dem tierischen Klienten gelten. Das ist höflich und entspannt die Situation. *Foto: Christiane Slawik*

Denn übergeht man solche Signale wiederholt, ist das auch der eigenen Gesundheit nicht dienlich, es kann im schlimmsten Fall zu erheblichen Abwehrreaktionen des Pferdes gegenüber Menschen führen, wie Schlagen, Beißen oder Steigen. Es ist nicht die Aufgabe des Therapeuten, dem Pferd Unarten abzugewöhnen, wie Bettelei nach Leckerlis. Es gehört aber zu seinem Job, mit dem Pferd in einen freundlichen Dialog zu treten und zuzuhören, wenn das Pferd ihm mitteilt, dass seine Arbeit gerade nicht so toll ist.

5. Gute Manieren auch gegenüber den Zweibeinern

Nicht nur mit dem Pferd, sondern auch mit sich selbst wünscht man sich einen professionellen Umgang. Ein guter Therapeut erklärt einem genau,

Der Pferdebesitzer sollte jederzeit Fragen über die Behandlung stellen können und kompetente Auskunft vom Therapeuten erhalten. *Foto: Christiane Slawik*

6. Das Beste geben, aber die eigenen Grenzen kennen

Ein guter Therapeut blickt immer über den Tellerrand. Denn auch für den Osteopathen sollte das Pferd nicht bei der Wirbelsäule aufhören. Hufbearbeitung, Zahnzustand, Sattelpassform – all das und noch viel mehr hat Einfluss auf Statik und Biomechanik und damit auf die Arbeit des Osteopathen. Ein Problem erkennen zu können, heißt noch lange nicht, dass man dazu qualifiziert ist, es zu beheben. Ich erkenne, wenn die Bremsen von meinem Auto runter sind, bin aber nicht dazu ausgebildet, die Beläge zu wechseln. Das sollten sich auch die Profis rund ums Pferd zu Herzen nehmen.

welche Diagnose er gestellt hat und warum, wie er das Problem zu beheben gedenkt und warum er diese oder jene Empfehlung ausspricht. Wer sich dabei hinter unverständlichen Fachworten verschanzt, hat oft selbst nicht genau verstanden, was er da eigentlich tut. Man kann alles, auch die kompliziertesten medizinischen Zusammenhänge, so einfach erklären, dass jeder sie verstehen kann. Es ist ohne Frage aufwendig, schließlich aber ist der Pferdebesitzer zahlender Kunde für eine Dienstleistung. Dazu gehört, dass er versteht, was mit dem vierbeinigen Liebling gemacht wird, und dass man ihn nicht mit Fachkauderwelsch abspeist.

Die Kommunikation sollte von Anfang bis Ende professionell sein. Freundliche Terminabsprache, offene Kommunikation während des Termins und auch bei der einen oder anderen Frage im Nachgang möchte man noch eine höfliche Antwort bekommen. Selbst wenn man im Pferdestall Intrigen, Zickenterror und Co. gewohnt ist – wenn einem der Therapeut patzig kommt oder bei anderen Kunden schlecht über einen redet, dann kann er fachlich so gut sein, wie er will, das muss man sich menschlich nicht bieten lassen. Denn auch „die Chemie" muss stimmen, gerade wenn man langfristig zusammenarbeiten möchte. Dabei kann man ruhig auf das eigene Bauchgefühl hören, denn dieses ist meist zuverlässiger als der Kopf, ob es mit dem Therapeuten passt oder nicht.

Leider ist es sehr beliebt, wenn man schon einmal am Pferd ist, gleich noch links und rechts Ratschläge auszuteilen oder Dinge zu tun, auch wenn man dafür gar nicht ausgebildet ist. Da erklärt einem der Trainer, was man füttern soll, der Hufbearbeiter

Gerade im Bereich der alternativen Methoden gibt es umfangreiche Möglichkeiten der Behandlung, die beim Tier effektiv sein können. Spezialisten auf ihrem Gebiet sind gut bezahlt, wenn die Leistung nachhaltig zum Erfolg führt. Gute Therapeuten kennen aber auch die Grenzen ihrer Spezialisierung und wissen, dass es bei einem Krankheitsproblem auch auf andere Komponenten ankommt, wie Ausrüstung, Zähne oder die Biomechanik. *Foto: Christiane Slawik*

„renkt“ gleich einmal das Pferd ein und der Osteopath steckt ein paar Akupunkturnadeln ins Pferd, weil er gerade auf einem Wochenendseminar war. Sofern der Trainer nicht auch eine Ausbildung zum Ernährungsberater hat, der Hufbearbeiter zusätzlich ausgebildeter Osteopath oder Chiropraktiker ist und der Osteopath vielleicht gerade in der Ausbildung zum Akupunkteur ist und fragt, ob er an dem Pferd üben darf, sollten solche gut gemeinten „Hilfen“ dankend abgelehnt werden.

Die beste Empfehlung für einen guten Therapeuten ist der Ausdruck des Klientenpferdes. *Foto: Christiane Slawik*

Ein guter Therapeut kann einen darauf hinweisen, dass es nicht nur Probleme in seinem Fachbereich, sondern auch in angrenzenden Bereichen gibt. Aber ein guter Therapeut verweist an dieser Stelle dabei immer auf entsprechend ausgebildete Fachleute. Meist spricht es für und nicht gegen einen Therapeuten, wenn er auch mal sagt: „Ich weiß es nicht.“ Denn man kann nicht alles wissen, sollte aber immer wissen, wenn man etwas nicht weiß.

7. Empfehlung

Jetzt hat man sich im Internet schlaugemacht, die Websites verschiedener Therapeuten studiert und vielleicht sogar mit dem einen oder anderen telefoniert oder per E-Mail kommuniziert. Aber ist der wirklich der richtige? Am Ende weiß man es meist erst, wenn man es ausprobiert hat und sein Pferd dabei gut beobachtet: Fühlt es sich wohl? Kann es die Therapie gut annehmen? Tut sich etwas zum Positiven in den Tagen und Wochen danach? Habe ich mich kompetent aufgehoben gefühlt? Bevor man sich und sein Pferd einer negativen Erfahrung aussetzt, lohnt es sich, einmal im eigenen Reiterumfeld nach Empfehlungen zu fragen.

Dadurch bekommt man meist schnell und zuverlässig Antwort, wer gute Arbeit leistet und wer überhaupt nicht zu empfehlen ist. Das ist natürlich immer eine subjektive Einschätzung. Ein Therapeut, mit dem ich super auskomme, kann mit einem anderen Pferdemenschen völlig über Kreuz liegen. Gerade, was die fachliche Qualifikation angeht, zeigen Pferde immer deutlich, ob sie sich gut aufgehoben fühlen, und das spricht sich auch unter den Menschen herum. Das bringt uns wieder zurück zu dem Punkt, dass es für Therapeuten keinerlei Qualitätskontrolle gibt und die Berufsbezeichnungen noch nicht einmal geschützt sind. Immer wieder tauchen Therapeuten auf, die vom einen oder anderen Ausbildungsinstitut ein Zertifikat nachweisen können. In der Praxis trennt sich schnell die Spreu vom Weizen: Die guten werden weiterempfohlen, die nicht so guten Therapeuten eben nicht. Denn die guten haben nachhaltig Erfolg und können nicht nur kurzfristig Symptome „wegmachen“.

Dr. Christina Fritz studierte Biologie mit anschließender Promotion. Nach vielen Aus- und Weiterbildungen im alternativtherapeutischen Bereich führt sie seit über zehn Jahren eine Praxis für integrierte Pferdetherapie. Darüber hinaus ist sie Fütterungsexpertin und hält Vorträge, Fortbildungen und Webinare über artgerechte Pferdefütterung und -haltung. Sie ist Autorin mehrerer Fachbücher wie „Zivilisationskrankheiten bei Pferden“ und „Kinesiologie am Pferd“ und betreibt die Gesundheitswebsite wissen.sanoanimal.de.
www.christinafritz.de

Anzeige

KOLUMNE

Aus der Sicht des Pferdes

von Sandra Kitzmüller

Rempeln

Es gibt mehrere Gründe, warum das Pferd den Raum des Menschen nicht achtet oder in manchen Situationen sogar in den Menschen hineinrempelt. Grundlegend ist es wichtig, zu erkennen, dass Pferde untereinander permanent im Austausch stehen. Sie kommunizieren ihre Räume und geben den anderen Pferden immer wieder zu verstehen, was sie möchten und was nicht. Das ist die häufigste Ursache, warum Pferde den Raum des Menschen zu wenig beachten: Der Mensch hat nicht gelernt, präventiv und früh genug seinen Raum zu kommunizieren.

Pferde haben von Natur aus eine bestimmte Kommunikationsabfolge. Die wichtigste Form der Kommunikation ist die über Energie. Es ist die unsichtbare innere Absicht, die Pferde ihrem Gegenüber verdeutlichen oder entnehmen. Diese ist am unmittelbarsten und unverfälschsten.

Im zweiten Schritt wird die innere Absicht, die Energie im Körper, zum Ausdruck gebracht durch unterschiedliche Positionen, Bewegungen und mimische Signale wie Ohren-Anlegen. Wenn dies alles vom Gegenüber nicht wahrgenommen wird oder die Distanz bereits zu gering ist, wird der Körperkontakt gesucht. Es wird gebissen, geschoben und manchmal getreten. Dabei agiert jedes Pferd unterschiedlich, entsprechend seinen Wesenszügen und dem, was es in Lauf seines Lebens in seiner Herdenstruktur gelernt hat. Ob und wie klar diese Abfolge erkennbar ist, hängt genau damit zusammen, wie fein und kommunikativ das Pferd ist. Im Idealfall hat ein Pferd eine für sich günstige Herdenkonstellation, die es in der Phase des Erwachsenwerdens darin unterstützt, geistig klug zu kommunizieren. Erfährt ein Pferd in seiner Herde nicht

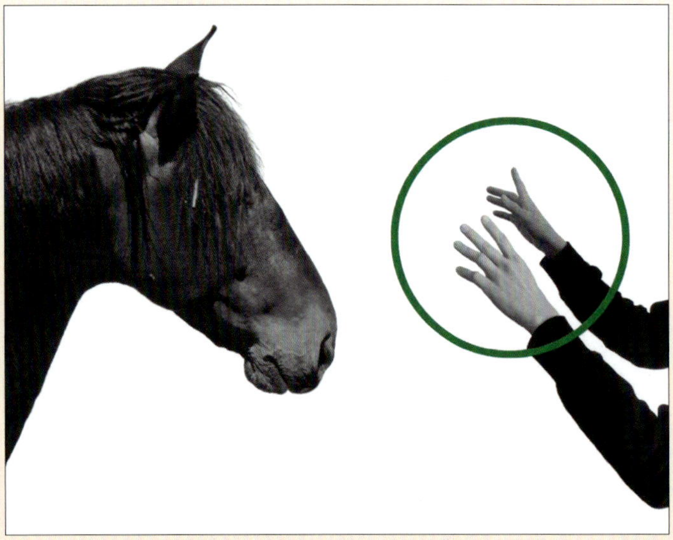

Ist man dem Pferd zugewandt, kann man mit den Fingern punktuell, gezielt, sehr fokussiert und klar kommunizieren.
Fotos/Grafiken: Sandra Kitzmüller

In der Bewegung mit dem Pferd, sollte der Raum (wenn nötig) frühzeitig mit dem Handrücken – in entspannter, aber ernsthafter Haltung – zum Auge hin kommuniziert werden.

oder unzureichend diese natürliche Kommunikationsabfolge, weil es in einer (vom Menschen) zusammengewürfelten Konstellation leben muss, kann sich das sehr auf das Pferd und dessen Kommunikationsfähigkeiten auswirken. Das beeinflusst auch das Zusammensein mit dem Menschen und wie das Pferd mit seinem Menschen in Verbindung geht.

Aktiv und lebendig kommunizieren

Zuerst einmal ist es wichtig, sein Pferd zu beobachten, herauszufinden, wie das eigene Pferd kommuniziert und ob diese Kommunikationsabfolge erkennbar ist. Sollte das Pferd direkt oder auch heftig in den Körperkontakt mit anderen Pferden gehen, kann dies ein Hinweis sein, dass wir Menschen präventiv und frühzeitig kommunizieren sollten. Solche Pferde brauchen viel Raum. Das bedeutet, dass unnötiges und unnatürliches Berühren reduziert werden sollte. Ziel ist es, das Pferd darin zu unterstützen, auf die feinen Signale zu achten, sozusagen auf unsere Kommunikation mit Energie und Körpersprache. Das erreichen wir nur, wenn wir demonstrieren, was wir uns wünschen. Ist das Pferd bereits in unseren Raum eingetreten oder mit unserem Körper in Kontakt, liegt das häufig an einer versäumten, zu späten oder zu langsamen Kommunikation. Eine Korrektur durch Wegschicken oder körperliche Signale am Halfter wie Rückwärtsrichten kann das Pferd nur schwer verstehen. In seiner Wahrnehmung haben wir seine Frage, ob es in unseren Raum eintreten darf, nicht beantwortet. Je friedvoller wir sein möchten, desto frühzeitiger dürfen wir kommunizieren. Das erweckt Eindruck beim Pferd und es fühlt sich schnell wohl bei uns, weil wir dadurch berechenbar sind. In den allermeisten Fällen wurzelt hier die Problematik, warum Pferde den Raum des Menschen nicht achten. Erst wenn wir dem Pferd immer wieder beständig und klar vermitteln, dass unser Raum und somit unser Körper von größter Wichtigkeit sind, wird uns das Pferd ernst nehmen.

Diese Art der Kommunikation hat nichts mit „Training und Wiederholung", also mit Quantität, zu tun, sondern steht immer in Verbindung mit der inneren Haltung und Absicht des Menschen. Die körpersprachlichen Gesten und Signale sind nur so kraftvoll, wie es innerlich auch verkörpert wird. Die Qualität steht also im Vordergrund. So kann auch eine tiefere Ursache für das „Hineinrempeln" in uns Menschen vorhanden sein. Dabei können Themen wie „Die eigenen Grenzen (verbal) kommunizieren", „Wunsch nach Nähe, Zuneigung und Liebe", „Überfürsorge bis hin zu Kontrollsucht" im Pferd Resonanz erzeugen.

Achtsamkeit führt zu Respekt

Nicht selten passiert es, dass diese Art der Kommunikation schnelle Veränderung herbeiführt. Das Pferd erkennt seine natürliche Kommunikationsabfolge darin und wird gemäß seiner Sprache unmittelbar reagieren. Es erkennt innerhalb kürzester Zeit, ob das Kommunizierte auch mit der nötigen inneren Kraft gekoppelt ist. Ein Pferd wird seinen Menschen infrage stellen, sollte das nicht der Fall sein. Deshalb ist diese freie und lebendige Kommunikation mit der Entwicklung und Reifung des Menschen untrennbar verbunden.

Pflegen wir diese Art der Verständigung jeden Tag aufs Neue, als wäre es ein Gespräch zwischen zwei Freunden, so wird das Pferd den Raum seines Menschen immer mehr achten und respektieren. Auf natürliche Art und Weise kann dadurch ein Fundament geschaffen werden, das vor allem in Gefahrensituationen zur Sicherheit von Mensch und Pferd beiträgt.

Die Handfläche zum Pferd gewandt kann sehr abweisend und unfreundlich wirken. Die Energie wird regelrecht abgeblockt.

Sandra Kitzmüllers Vision ist es, Menschen dabei zu helfen, im Zusammensein mit ihren Pferden in ihre ursprüngliche Kraft zu kommen, ihre Träume zu leben und durch das Vorbild der Natur der Pferde ein selbstbestimmtes Leben zu kreieren. Durch den Widerstand ihrer ersten Stute Hope wurde Sandra wachgerüttelt. Von da an galten all ihre Weiterbildungen dem wahren Verständnis der Pferdenatur. Dabei hat sie sich auf die natürliche Sprache der Pferde spezialisiert und sich dem ganzheitlichen sowie authentischen Weg verschrieben.
www.holihorse-guidance.com

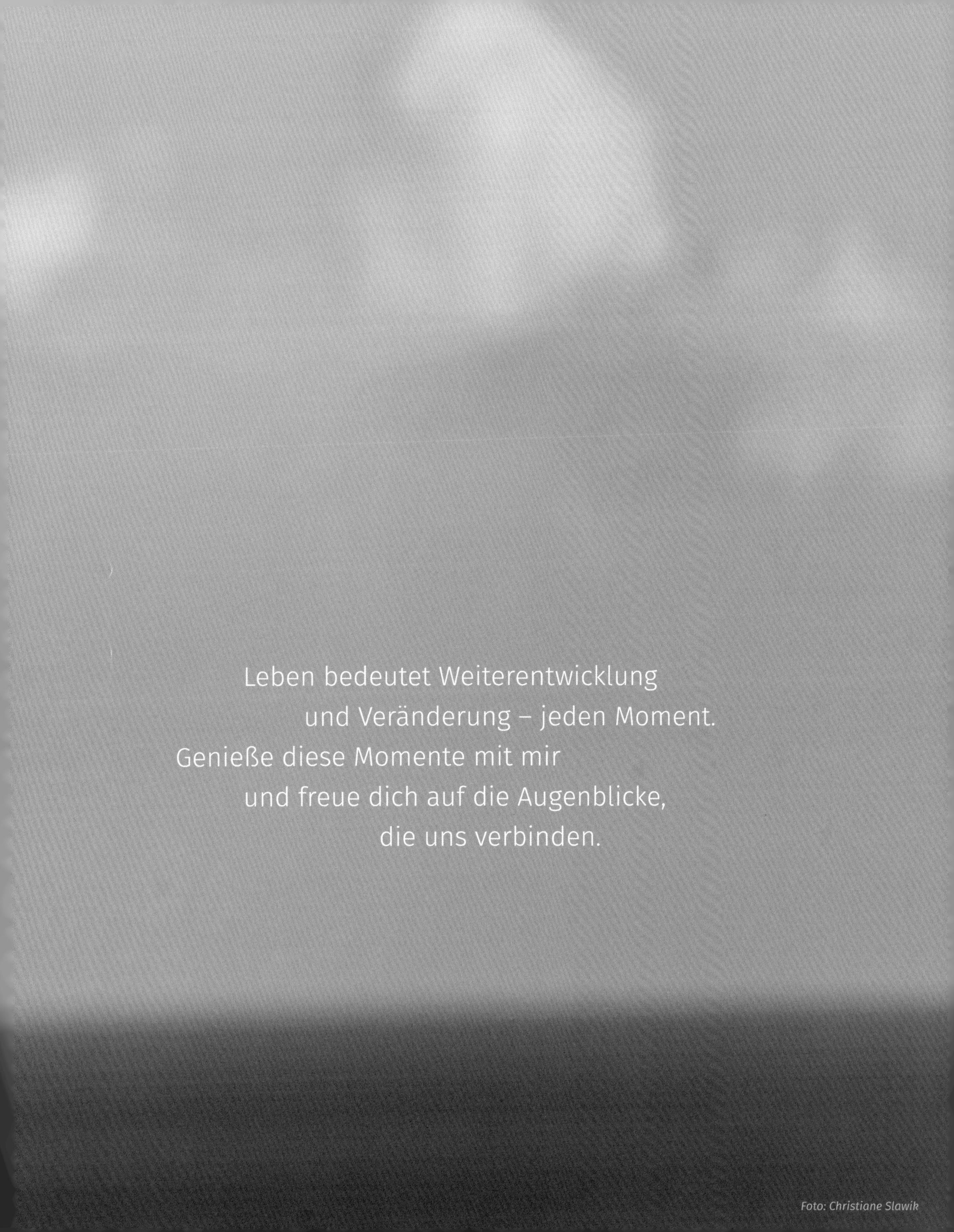

Leben bedeutet Weiterentwicklung
und Veränderung – jeden Moment.
Genieße diese Momente mit mir
und freue dich auf die Augenblicke,
die uns verbinden.

Foto: Christiane Slawik

Foto: Kirsten Fleiser

Mit fokussiertem Entstressungstraining

zur Gesundheit von Pferd und Mensch

Erfahrungsbericht von Kirsten Fleiser

In der heutigen Zeit kommen wir Menschen viel zu oft schon völlig gestresst im Stall an. Häufig wird gesagt, dass Pferde die besten Therapeuten sind, einen wunderbar erden und beruhigen. Möglicherweise ist es aber auch nur der Freizeitaspekt oder die vor Ort praktizierte Routine. Dennoch ist es unsere ureigenste Pflicht, bereits vorher alles für eine entspannte Begegnung mit dem Pferd zu tun. Unser Pferd hat vielleicht selbst genug Herausforderungen, mit denen es fertig werden muss, und ist keinesfalls für unser Wohlbefinden verantwortlich. Denn Stress ist nicht nur für den Menschen ein gesundheitsmindernder Faktor, sondern auch für das Pferd.

Kirsten Fleiser war in einem Seminar von Dr. Kabsu Kim und Marie Massmann dabei, in dem es um Stressmessung und Stressvermeidung von Pferd und Mensch ging.

Jeder verwendet das Wort, nur was genau ist eigentlich Stress? Stress hat gleich mehrere Seiten. Zunächst hohe physische oder psychische Belastung, Überanstrengung sowie Druck. Diese entstehen beispielsweise durch ein ständig zu hohes Arbeitspensum oder aufgrund von permanent fordernden familiären Konstellationen. Davon zu unterscheiden sind kurzfristige Stresssituationen, wie wenn wir im Stau stehen und dann Gas geben müssen, um noch rechtzeitig zur Reitstunde im Stall zu sein. Gleichzeitig entstehen durch die gesetzten Reize seelische und körperliche Reaktionen, die den Zweck haben, dass wir Gefahrensituationen unter Höchstleistungen bewältigen können. Unser Körper macht keinen Unterschied, ob die Situation, die uns durch stressauslösende Ereignisse in Alarmbereitschaft versetzt, real ist oder nicht.

Dass man einen derartig unangenehmen Zustand der Spannung beziehungsweise die zugrunde liegende bedrohliche Situation schnellstmöglich zu beenden versucht, ist eine Überlebensstrategie.

Beim Pferd liegen die stressenden Ursachen in seiner Umwelt und in den Handlungen sowohl von Menschen als auch von Artgenossen. Innere Auslöser wie Schmerz oder Hunger verursachen ebenso stressbedingte Defizite.

Auch auf der Zellebene sprechen wir von oxidativem Stress. Bestimmte Stoffwechselprodukte, besser bekannt als freie Radikale, treffen auf eine zu geringe Menge Antioxidantien. Dadurch unterbleibt die normalerweise stattfindende Neutralisierung der schädigenden Wirkung. Auf die Spitze getrieben gibt es den auf Stickstoffmonoxyd (NO) basierenden nitrosativen Stress. Obwohl das Molekül für viele Prozesse wichtig ist, führt ein Zuviel an dessen Radikalen zu chronischem Energiemangel, insbesondere in den Organen. Grund dafür ist die Schädigung der Mitochondrien, jenen Zellorganellen, die Adenosintriphosphat (ATP) produzieren. ATP ist der körpereigene Energieträger und dient bei stressbedingten Schäden für Reparaturprozesse.

Umgangssprachlich spricht man von „sich gestresst fühlen“ – und das, obwohl Stress (im Gegensatz zur Angst) gar keine Emotion, sondern ein manifestierter Zustand ist, der zu einem Symptom wurde.

Umgekehrt ist der Körper oft schon tatsächlich gestresst, ohne dass wir Symptome bemerken und uns noch völlig fit fühlen. Die Ansicht, dass Stress krank macht, scheint dabei allgemein anerkannt, weshalb wir die eigene Gesundheit und die der Pferde stärken und erhalten sollten – und das auf möglichst schonende Weise.

Fernöstliche Naturheilverfahren

Besonders fernöstliche Naturheilverfahren bieten Ansätze, um Stresssituationen entgegenzuwirken. Für einen ersten Einblick in solche Verfahren ging es daher nach Jülich auf den Hof von Marie Massmann zum Seminar „Gesundheit, das höchste Gut von Mensch und Pferd“. Referent des Seminars war Professor Dr. Kabsu Kim aus Südkorea. Seine Forschung und weltweite Tätigkeit hat er der Entwicklung sanfter Heilmethoden gewidmet. So konnte er beispielsweise auch nach operativen Eingriffen bei Pferden auf den sonst obligatorischen Einsatz von Antibiotika gänzlich verzichten.

Alle Seminarteilnehmer hatten beruflich mit Pferden zu tun, die meisten als Physiotherapeuten.

Nach dem klassischen Kaffee zur Begrüßung stellte uns die Gastgeberin, gemeinsam mit Alvaro, ihrem Lusitano-Schimmelwallach, ihr Konzept rund um den bedürfnisorientierten Umgang mit dem Pferd vor. Dabei dreht sich alles darum, Gewohnheiten zu installieren, die die Gesundheit und die Verbindung zum Pferd stärken. Beim sogenannten Horse Fokus Training® wird bereits bei den kleinsten Alltagshandlungen darauf geachtet, dass sich das Tier im Beisein von uns Menschen sicher fühlt, indem wir beispielsweise Rundumsicht gewährleisten. Auf diese Art führen die täglich gewebten und irgendwann nicht mehr durchtrennbaren Fäden gesunder Gewohnheiten zu einem gesunden Pferd.

Dabei behält das Pferd die Autonomie über seinen Körper, statt sie an den Menschen abzugeben. Da wir am anderen Ende des Strickes sind, ist Pferdetraining auch immer Menschentraining. Marie Massmann demonstrierte deshalb am Beispiel des Aufhalfterns, wie man selbst zum Motiv für die Bewegung des Pferdes wird. Gleichzeitig werden

Im theoretischen Teil des Seminars ging es um die Gesundheit von Pferd und Mensch und wie Stress diese immens beeinflusst. *Foto: Kirsten Fleiser*

dabei Stellung und Biegung unkonditioniert vom Boden vermittelt. So ist auch gewährleistet, dass das Pferd kontrollierbar bleibt, was bei einem steifen geraden Hals kaum der Fall wäre.

Qi muss fließen

Dann begann der theoretische Teil des Referenten. Dr. Kabsu Kims langjährige Beobachtung, dass man das Pferd therapiert und sich der Zustand zwar kurzfristig bessert, nach kurzer Zeit jedoch wieder genauso schlecht ist wie zuvor, kam jedem bekannt vor. Deshalb behandelt er in seiner Eigenschaft als Human-Heilpraktiker auch immer die dazugehörigen Reiter gleich mit.

Da Stress ein Symptom ist, wird er in der westlichen Welt oft nur symptomatisch behandelt, weil auch die gezeigten Symptome häufig unphysiologischer Natur sind. Im Seminar wurde beim Pferd auf ein Kitzelig-Sein als Vorstufe von Schmerz geachtet. Gängige Reiterbeschwerden wie Rückenschmerzen oder Knieprobleme sollten über die Skelettmuskulatur betrachtet werden. Von besonderer Bedeutung war dabei die willkürlich bewegbare Skelettmuskulatur, weil diese aufgrund reduzierter Bewegungsradien häufig unbenutzt bleibt und dadurch ihre Kontraktionsfähigkeit verliert.

Im daran anschließenden Vortrag über die biologischen Hintergründe gab es viele Aha-Momente. Vorweg sei angemerkt, dass es sich dabei zunächst um ein Denkmodell handelt: Für Professor Kim bilden ein intakter Energiehaushalt und die dadurch sichergestellte optimale Versorgung des Körpers die Basis der Naturheilkunde. Der energetische Zustand hat entscheidenden Einfluss darauf, ob beispielsweise eine Kolik-OP sinnvoll und aussichtsreich ist oder eben nicht.

Damit Reparaturprozesse stattfinden können, muss Energie, das sogenannte Qi, fließen können. Zwei Quellen sorgen dafür, dass der Körper gut damit gespeist ist. Mit der Geburt wird die vorhandene Energie der Vorfahren in unserer linken Nebenniere gespeichert. Dieser Level ist auch die obere Begrenzung für die mögliche Auffüllung der rechten Nebenniere durch Nahrung, Atmung und Bewegung. Energiewirtschaftlich betrachtet wird aus jeglichem Input wie Nahrung, Atmung, Stoffwechsel und der Versorgung des Körpers mit Blut ein Output in Form von Leistungen wie Wärme und Kraft erzielt. Den eigenen Kopf mit einem durchschnittlichen Gewicht von circa fünf Kilogramm zu tragen ist – je nach Körperhaltung – ganz unterschiedlich im Energieverbrauch. Jegliche von der Gravität abweichende Fehlhaltung verbraucht dabei erheblich mehr und kann dadurch zu innerer Unruhe beitragen.

Bewegung als A und O der Gesundheit

Bewegung hat dabei einen entscheidenden Einfluss auf den Energielevel des Körpers, indem sie die Anzahl der Mitochondrien in den Zellen erhöht. Dadurch kann mehr Zucker verbrannt werden und mehr ATP hergestellt werden. Aus einem Molekül Glukose entstehen so 38 Moleküle ATP. Dieser Zusammenhang kann genutzt werden, um chronischen Erkrankungen, wie insbesondere Diabetes, wirksam vorzubeugen, indem wir über den engen Rahmen unserer alltagsbedingten Bewegungsamplituden hinaus aktiv sind. Gleichzeitig tragen Muskeln auch entscheidend zum Abbau der Stresshormone Adrenalin und Chortisol bei.

Eine Sonderstellung hat das Salz der Milchsäure inne. Steht bei starker muskulärer Beanspruchung zu wenig Sauerstoff zur Zuckerverbrennung zur Verfügung, stellt die Zelle auf Gärung um und produziert Laktat. Es liefert schnelle Energie, die insbesondere von Hirn und Leber genutzt wird. Andererseits fördert leichte Muskelarbeit den Abbau überschüssigen Laktats. Wir brauchen daher ein Mittelmaß an Bewegungsintensität. Dafür spricht auch eine Ausgewogenheit zwischen dem sympathischen und parasympathischen Nervensystem.

Es ist zunächst wichtig, Stress zu verringern. Dabei gibt es feine Unterschiede in der Intensität. Stress beim Pferd durch Hunger muss auf jeden Fall komplett vermieden werden, gleich ob durch engmaschige Heunetze, zu wenig Nahrung oder zu lange Fresspausen bedingt. Hier ist Routine wichtig. Bei Bewegungsstress verhält es sich seiner Meinung nach konträr – da braucht es Abwechslung, weil ohne gezielt gesetzte Reize nur wenig von sich aus stattfinden würde. Als Beispiel führt Professor Kim eine Lösung an, die auf der Arabischen Halbinsel praktiziert wird. Dort sind Futter und Wasser durch einen See voneinander getrennt, der jedes Mal durchquert werden muss. Damit die Aktivierung auch funktioniert, ist das Wasser darin stark salzhaltig und wird deshalb nicht getrunken.

Stressmessung am Finger des Menschen und an der Schweifrübe des Pferdes wurde in mehreren Schritten durchgeführt. *Fotos: Kirsten Fleiser*

Warum Mönche nur bedingt als Vorbild dienen

Wer jetzt denkt, komplett stressfrei zu sein, sei das erklärte Ziel, der irrt gewaltig. Ein überbetonter Parasympathikus – und ein sich daran anpassender Sympathikus – ist wie tot zu sein, selbst wenn man noch am Leben ist. Eine vollständige Abwesenheit von Stress existiert nicht. Entspannung ist wichtig, damit der Körper weniger Stress ausgesetzt wird beziehungsweise sich von auslösenden Situationen erholen kann. Die zumeist aus asiatischen Klöstern stammenden Meditationstechniken können dabei durchaus hilfreich sein. Insbesondere eine damit verbundene langsame und tiefe Atmung wirkt sich positiv auf die Pulsfrequenz aus.

Meditation findet dabei zumeist im Sitzen statt. Allerdings verbringen Mönche den Großteil des Tages mit Training und harter körperlicher Arbeit. Deshalb ist für sie der körperliche Ausgleich in Ruhe deutlich sinnvoller als für Menschen, die im Büro arbeiten und gut ein Drittel des Tages sitzend verbringen. Die gute Nachricht ist, dass die Zeit im Sattel nicht zum Sitzen im herkömmlichen Sinn dazuzählt. Schließlich wird dabei der gesamte Körper beansprucht.

Entgegen dem landläufigen Verständnis bedarf es zum Sporttreiben respektive Trainieren nicht unbedingt der Bewegung oder gar der Fortbewegung – für positive Effekte reicht bereits die bloße isometrische Kontraktion. Deshalb bietet sich als Alternative zur statischen Meditation die aus Amerika stammende progressive Muskelentspannung an. Hier greift die Formel: Stressbeseitigung = Trainieren + Meditieren.

Reif für die Praxis

Spätestens nach den Messungen wollte jeder Teilnehmer wissen, wie hoch der eigene Stresslevel tatsächlich war. Durch ein Gerät, in das ein Zeigefinger gelegt wurde und das wie ein Pulsoximeter aussieht, wurden die aktuellen Werte ermittelt. Ähnlich wie bei einem EKG wurden die Kurve, Ausschläge, Amplituden und Abstände gemessen. Die Technik im Inneren blieb ein Betriebsgeheimnis – es fühlte sich allerdings so pulsierend an, als würde ein Finger angeknabbert. Für eine zuverlässige generelle Aussage bedurfte es mehrerer Messungen im Zeitverlauf. Beim Probandenpferd, einer Rehepatientin, wurden die Werte an der Schweifrübe abgenommen. Dabei erschien die Stute zumindest äußerlich ruhig – die Werte sagten etwas anderes, zumal sie als einziges Pferd vor Ort war und sich der Situation nicht entziehen konnte.

Im Alltag kann schon eine einfache Blutdruckmessung eine Aussage über die aktuelle Verfassung in der jeweiligen Situation, wie beispielsweise bei einer Messeteilnahme, geben. Deshalb war es gut, dass trotz bestehender Möglichkeit keine eigenen Pferde mitgebracht wurden, da der Transport und die Unterbringung in fremder Umgebung das Messergebnis bereits beeinflussen können.

Dr. Kabsu Kim nutzte all jene fernöstlichen Heilverfahren, die neben der Bewegung zu einem Heilerfolg führten: Kräuteranwendungen, Akupunktur und Moxibustion. Erfahrungsgemäß reagieren Pferde auf die jeweiligen Stressoren sehr unterschiedlich – glücklicherweise allerdings auf ein und dieselbe Behandlungsform mit Entspannungsabsicht nahezu identisch.

Schlangengiftsalbe und Muskeltraining

Bei der anschließenden therapeutischen Anwendung setzt er daher auf einen Wirkstoff aus der Naturheilkunde, den wir bisher eher als Gesichtspflege gegen Falten kennen – ein Schlangengift, genauer gesagt, daraus gewonnene Proteine. Dafür nutzt Dr. Kim eine speziell gefertigte koreanische Salbe. Diese enthält als weitere Bestandteile Mayu und Mineralien. Er zeigte, wie diese Salbe aufzutragen ist. Beim Menschen sparsam auf die Handgelenke bis zu den Fingerspitzen sowie auf die Fußgelenke bis zu den Zehen. Beim Pferd kann der Besitzer selbst diese Salbe am Kronsaum auftragen, insbesondere, wenn kein spezifischer Akupunkturpunkt bekannt ist, der für das vorliegende Problem optimal passt.

Tipp!
Vor dem Auftragen der Salbe das Fell mit Wasser anfeuchten. Die entstehende Emulsion lässt sich dann leichter verteilen. Gleichzeitig wird eine Verbindung zwischen den Akupunkturpunkten hergestellt, durch die dann die Energie fließt.

Eine deutlich stärkere therapeutische Wirkung bringt der Giftextrakt der Tigernatter – einer in Korea heimischen Schlange – in die Behandlung ein. Dieser Extrakt wird mittels eines

Hand-Ultraschallgeräts tief ins Gewebe eingearbeitet. Bei der anschließenden Kontrollmessung zeigte sich, dass der Stress trotz der kurzen Zeit bereits geringer war. Lediglich die Anpassungsfähigkeit zeigte keine Veränderung.

Die manuelle Anwendung hat jedoch die geringere Bedeutung innerhalb der Behandlung von Stress. Der Löwenanteil soll – gleich, ob Mensch oder Tier – schlichtweg jede Menge Bewegung sein, die nach Möglichkeit den ganzen Körper beansprucht. Für den Menschen gut geeignet sind dazu Sportarten wie Schwimmen, Klettern, Tanzen, Trampolinspringen und eben auch Reiten. Denn dort kommen mehr als 60 Prozent unserer Muskeln zum Einsatz, und wenn wir locker und angstfrei mitschwingen können, sogar bis zu 80 Prozent.

Für Pferd und Mensch sind gemeinsame Stop-and-go-Einheiten besonders wertvoll. Insbesondere durch das abrupte Anhalten und das Abfangen der Vorwärtsbewegung werden die Muskeln zur Kontraktion angeregt und Zugkraft entwickelt. Dafür soll die Dauer des tatsächlichen Stehens nur wenige Sekunden dauern und auch das Antreten genutzt werden. Wie im sogenannten Resistanz-Training wird hier jene Kraft genutzt, die die Ausführung erschwert. Auch Intervalltraining trägt dazu bei, die Muskulatur kontraktionsfähig zu halten.

Eine weitere Übung zur besseren Verbindung mit dem Pferd und der gezielten Kontrolle der Bauchmuskulatur wurde gemeinsam erarbeitet. Dafür spannt der Mensch seine eigene bewusst an und animiert das Pferd dazu, es ihm gleichzutun. Der charmante Nebeneffekt für beide Partner besteht darin, dass Bauchmuskeltraining automatisch den Rücken gleich mittrainiert und die Kontraktibilität verbessert. Grundsätzlich sollten nach Möglichkeit spielerische Aspekte ins Training einfließen, um den Parasympathikus zu stimulieren.

Übungen für den Menschen

Nachdem das Pferd versorgt war, gab es weitere Übungen für uns Menschen. So sollten wir aufrecht stehen, uns dann auf die Zehenspitzen stellen, ungebremst auf die Fersen fallen lassen und hart auf dem Boden aufkommen. Das Ganze zehnmal hintereinander – dort, wo es dann wehtut, sind Verspannungen lokalisiert.

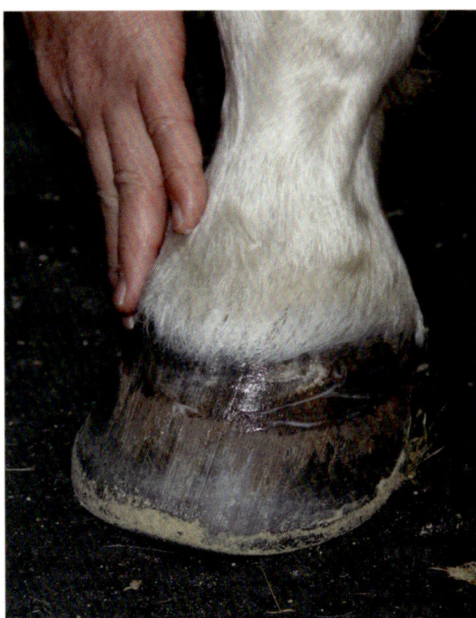

Das Einreiben der Salbe erfolgt beim Pferd über den Kronsaum, beim Menschen auf dem Handrücken. Damit die Salbe besser einwirken konnte, arbeitete Dr. Kim mit einem Ultraschallgerät. *Foto links: Martina Kiss, Foto rechts: Kirsten Fleiser*

Wer neugierig geworden war und bei sich selbst überprüfen wollte, wie gut es um die Kontraktionsfähigkeit der eigenen Muskeln bestellt ist, hüpfte aus dem Stand auf der Stelle hoch.

Eine weitere Möglichkeit war das gezielte Anspannen eines bestimmten einzelnen Muskels, beispielsweise des Trizeps. Dieser musste sich dann im angespannten Zustand deutlich anders anfühlen als im entspannten. Wenn kein wirklicher Unterschied tastbar war, bestand Handlungsbedarf.

Gegen Schulterschmerzen gab es folgende Trainingsempfehlung: auf dem Rücken liegend die Arme flach ausstrecken (die Handrücken zeigen nach oben) und fest gegen den Untergrund pressen, ohne sich hochzudrücken. *Foto: Kirsten Fleiser*

Dr. Kabsu Kim ist studierter Agrarwissenschaftler mit dem Schwerpunkt Zucht. In Berlin promovierte er in Veterinärmedizin. Seitdem hat er sich auf Pferde in Verbindung mit Naturheilkunde spezialisiert. Er ist Begründer sowohl der K Resonance Moving Therapy® als auch der K Natural Energy Therapy®. Als Dozent bildet er an der ATF (Akademie für tierheilkundliche Fortbildung) zukünftige Veterinäre aus. Er ist Autor mehrerer Bücher, unter anderem über Stangenarbeit und den Reitersitz.

Marie Massmann ist seit Kindheit an mit Pferden verbunden. Als Gründerin der Marke NaturalClassic® und Dozentin an der aSSIST Universität in Seoul/ Südkorea, leitet sie das Coachingzentrum für Menschen und Pferden in Jülich seit über 30 Jahren. Mit ihrer Horse-Focus-Trainingsmethode trägt sie zur Weiterentwicklung einer humanen, pferdegerechten Reiterei bei. Diese Trainingsmethode ist an der aSSIST Universität als Basisstudium für den Studiengang „Bachelor of horse science" Bestand des Curriculums und ist unabhängig von Stilrichtung und Disziplin. Sie zieht sich als roter Faden durch alle Ausbildungsstufen des Pferdes.

www.naturalclassic.de

Kirsten Fleiser, studierte Versicherungsbetriebswirtin aus Köln, wandte sich nach einem Sabbatjahr in spanischen Reitbetrieben immer mehr der Gesunderhaltung von Pferden zu. Es folgten Qualifizierungen zur zertifizierten Trainerin für Dual-Aktivierung® und Equikinetic® sowie zur APM-Therapeutin nach Penzel für Pferde und zur equinen Bowen-Anwenderin. Neben ihrer Moderatorentätigkeit setzt sie sich insbesondere auf Mallorca für die Verbreitung von pferdefreundlichem Wissen ein.

www.caballance.de

Dry Needling

Die Behandlung myofaszialer Triggerpunkte durch Akupunkturnadeln

von Silke Kaupp

Wie in allen Bereichen der modernen Medizin sind auch in der Pferdetherapie die alternativen Methoden auf dem Vormarsch. Pferdebesitzer suchen immer öfter einen Weg, um mit weniger Medikamenten, die bei aller Hilfe auch Nebenwirkungen haben, auszukommen. Das ist ein guter und berechtigter Weg, denn wenn man die Medikamente tatsächlich braucht, ist die Wirkung umso besser, wenn man zuvor nicht allzu sorglos damit umgegangen ist. Doch wo liegen die Unterschiede von Dry Needling zur herkömmlichen Akupunktur?

Foto: Silke Kaupp

So viel wie nötig, so wenig wie möglich

Zu einer der alternativen Methoden gehört das „Dry Needling", zu Deutsch „Trockenes Nadeln". Die Anwendung mit diesen Nadeln sollte jedoch nur ausgebildeten Therapeuten vorbehalten sein. Eine Selbstanwendung durch den Pferdebesitzer ist nicht zu empfehlen, da sie ein grundlegendes Wissen über Muskulatur, Faszienverläufe, das Nervensystem und weitere wichtige Strukturen im Pferdekörper voraussetzt, um Anwendungsfehler und unerwünschte Nebenwirkungen zu vermeiden. Auch für Pferdephysiotherapeuten gilt es, diese Technik in speziellen Fortbildungen zu erlernen, deren Grundlage immer die abgeschlossene Ausbildung zum Pferdephysiotherapeuten oder eines anderen therapeutischen Hintergrunds ist.

Was versteht man unter Dry Needling?

Dry Needling ist die Behandlung myofaszialer Triggerpunkte mittels Akupunkturnadeln. Myofasziale Triggerpunkte oder auch sogenannte Stresspunkte finden sich in allen Regionen des Pferdekörpers und können leicht ertastet werden.

Wir alle kennen sie, die kleinen, gemeinen Muskelverspannungen, die im Verlauf des gesamten Körpers zu Schmerzen und den daraus resultierenden Ausgleichshaltungen und dadurch wiederum zu weiteren Verspannungen führen können. Physiotherapeuten haben ein Gespür dafür, genau den einen Punkt zu treffen, der am meisten schmerzt. Hält der Therapeut diesen Punkt mit dem Finger oder einem

Gegenstand gedrückt, spürt man, wie er sich langsam wellenförmig auflöst, der Schmerz nachlässt und das umliegende Gewebe sich entspannt. Diesen Effekt der ausstrahlenden Entspannung nutzt man beim Dry Needling auch. Das Dry Needling entstand aus klinischen Beobachtungen von Triggerpunkt- und Injektionsstudien. Im Verlauf der Studie stellten Forscher fest, dass nicht das Injektat für den Erfolg der Triggerpunkttherapie verantwortlich ist, sondern dass der präzise Stich selbstwirksam ist. Karel Lewitt (1916–2014), ein tschechischer Arzt, publizierte 1979 im renommierten Journal „Pain" den Artikel „The Needle Effect in the Relief of Myofascial Pain" (Quelle: www.dsg-academy.com).

Aus diesen Beobachtungen und den Arbeiten von Dr. P. Baldry und Dr. C. Gunn in den Achtzigerjahren entstand der Begriff des Dry Needlings. In den frühen Neunzigerjahren verbanden Christian Gröblich und Ricky Weissmann das Dry Needling mit Erkenntnissen der Triggerpunkttherapie von Simon and Travel und entwickelten ein systematisches Dry-Needling-Konzept. Seitdem wird die Methode kontinuierlich weiterentwickelt und von der DSGA (Anmerkung: im Humanbereich) unterrichtet. Heutzutage wird Dry Needling von Zehntausenden Physiotherapeuten und Ärzten weltweit als erfolgreiche Schmerztherapie eingesetzt.

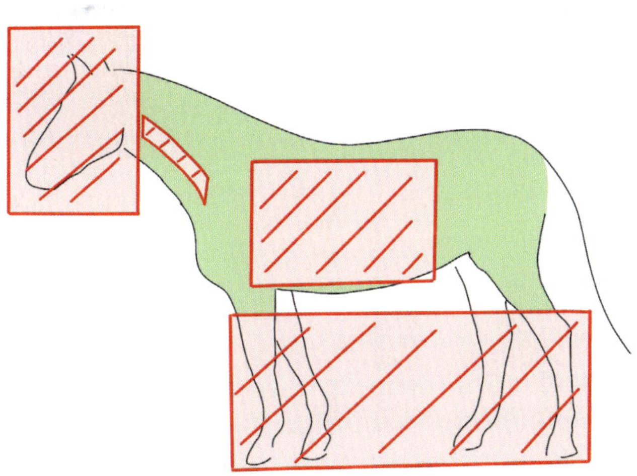

Bestimmte Körperregionen, sogenannte Gefahrenzonen, werden im Dry Needling nicht behandelt. Dazu gehören der Kopf, die Region der Halswirbel (es wird nur die umgebende Muskulatur behandelt), der Rippenraum und die Gliedmaßen. *Grafik: Eva Sabrina Brederlow*

Was ist ein myofaszialer Triggerpunkt?

Als myofaszialen Triggerpunkt bezeichnet man verdichtete Strukturen im Gewebe. Diese können Beschwerden auslösen und „triggern". Der Begriff Triggerpunkt wurde Anfang der 1950er-Jahre von der Ärztin Janett Travell in die Medizin eingeführt und bezeichnet einen Punkt im Muskel- und Fasziengewebe, der mannigfaltige Beschwerden auslösen kann (engl. „to trigger"). Das medizinisch-wissenschaftliche Interesse an myofaszialen Strukturen ist in den letzten Jahren aufgrund der Erforschung der Nozizeption von S. Mense und der anatomischen Beschreibung der Faszien von R. Schleip und C. Stecco deutlich gewachsen.

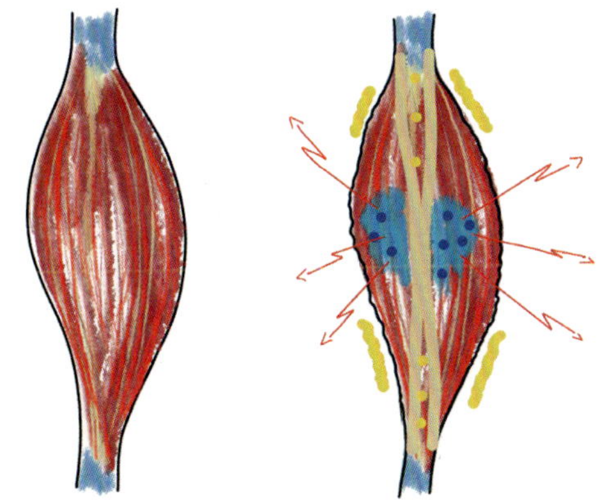

Ein funktionsfähiger Muskel ohne Triggerpunkte. *Grafik: Eva Sabrina Brederlow*

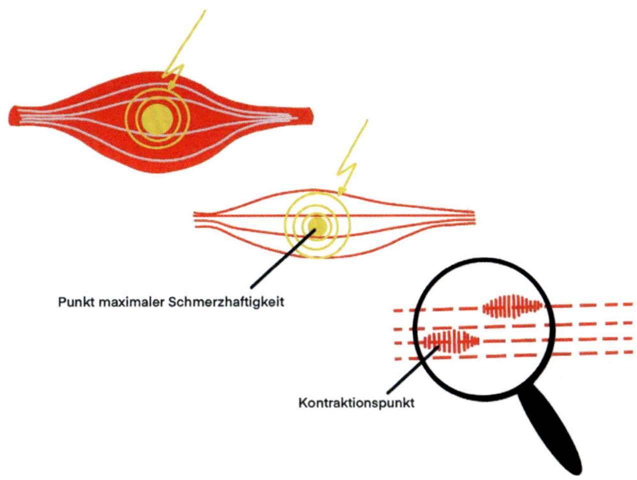

Triggerpunkte in der Muskulatur, die für ausstrahlenden Schmerz sorgen. *Grafik: Eva Sabrina Brederlow*

Der Begriff des myofaszialen Syndroms (MFS) geht also über die reine Schmerzhaftigkeit myofaszialer Triggerpunkte hinaus und bezieht weitere funktionelle und vegetative Störungen mit ein (Quelle: www.sportärtzezeitung.com).

Ein myofaszialer Triggerpunkt ist einfach ausgedrückt eine fühlbare, knotenförmige Verhärtung im Muskel- und Fasziengewebe, die durch Kontraktion (Zusammenziehen) von einzelnen Muskelfasern oder auch durch (Mikro-)Vernarbungen entstehen kann.

Besonders häufig finden wir die myofaszialen Triggerpunkte im Halsbereich, in der Sattellage und der Kruppen- beziehungsweise Hinterhandmuskulatur.

Grafik: Eva Sabrina Brederlow

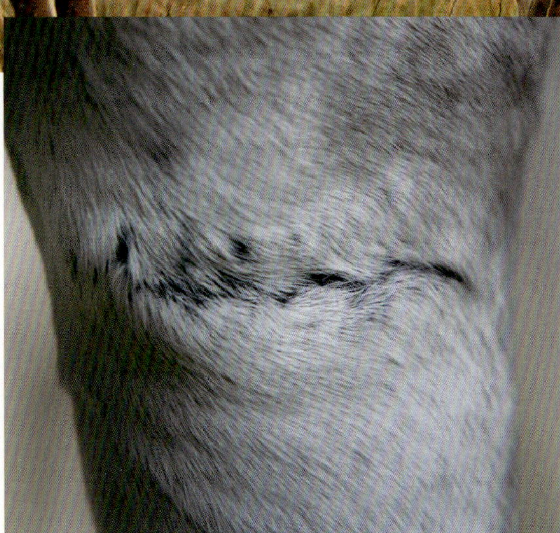

Narben können zur Störung des gesamten funktionellen Verlaufs innerhalb der Muskulatur und somit zu Fehlspannungen im umliegenden Gewebe führen.
Foto: Christiane Slawik

Wie entstehen Triggerpunkte?

Warum Triggerpunkte entstehen, ist bis jetzt nicht vollständig geklärt. Wissenschaftler gehen davon aus, dass Überdehnungen, Muskeltraumata, Überlastungen, starke Krafteinwirkungen oder auch Stress auf Dauer Muskelverhärtungen auslösen. Sie führen letztendlich in einen Kreislauf, bei dem der Körper Entzündungsbotenstoffe ausschüttet und so die Schmerzrezeptoren reizt. Verschiedene Untersuchungen fanden im verhärteten Gewebe der Triggerpunkte einen niedrigen pH-Wert sowie eine höhere Konzentration an Stoffen, die eine Entzündung und Schmerzen auslösen. Unterbricht man diesen Kreislauf nicht, bilden sich ebendiese Triggerpunkte. Als Folge wird das Gewebe in diesem Bereich nicht mehr richtig durchblutet. Obwohl die Triggerpunkte in bildgebenden Verfahren wie einem MRT nicht sichtbar sind, fanden

Wissenschaftler andere Anzeichen, die auf Triggerpunkte hindeuten: Die Muskelpartie verhärtet sich, es bildet sich ein sogenannter Hartspannstrang, der gut tastbar ist. Der brennende, ausstrahlende Schmerz kann nur sehr kurz auftauchen, aber auch über mehrere Tage anhalten. Reizt man einen Triggerpunkt mit Druck, kann das lokales Zucken auslösen, indem der Knoten „springt", so die Sportwissenschaftlerin Rosalie Mutter.

Es gibt zwei verschiedene Arten von Triggerpunkten:

Aktive Triggerpunkte
- Deren Auswirkungen sind auch in Ruhe und bei geringer Belastung zu spüren.
- Der Schmerz ist durch Provokation reproduzierbar.

Latente Triggerpunkte
- Sind in Ruhe unauffällig.
- Schmerzen können nicht reproduziert werden.

Weiterhin werden sie in primäre, sekundäre und Satellitentriggerpunkte eingeteilt.

Primärer Triggerpunkt – Das ist der Hauptpunkt, von dem der Schmerz ausgeht (siehe Zeichnung Muskelknoten).

Sekundärer Triggerpunkt – Der primäre Triggerpunkt kann sogenannte Triggerpunktketten in den zusammenarbeitenden Muskeln auslösen.

Satellitentriggerpunkte – Diese entstehen im schmerzausstrahlenden Bereich eines primären Triggerpunkts.

Was geschieht während der Behandlung?

Da auch das Geschehen im Muskel während des Einstichs mit der Nadel noch nicht ausreichend wissenschaftlich erforscht ist, um hier eine studienbasierte Antwort geben zu können, kann man sich nur auf Beobachtungen beziehen, die verschiedene Human- und Tiertherapeuten gemacht haben.

Wenn die Nadel in den Muskel gestochen wird, kommt es zu einer lokalen, meist sehr schnellen Zuckungsreaktion. Man geht davon aus, dass durch den Reiz der Triggerpunkt so stimuliert wird, dass sich die Nervenreize wieder normalisieren, indem das Gewebe durch die mechanische Stimulation zur Weitung veranlasst wird. In der Folge werden der Blutfluss und die Sauerstoffversorgung gesteigert, die ATP-(Adenosintriphosphat-)Produktion, die notwendig ist, um den Zellen Energie zur Verfügung zu stellen, wird angeregt. Die Fibroblasten, die ein Hauptbestandteil des Bindegewebes sind, können wieder zum Aufbau der extrazellulären Matrix beitragen, die für die Bewegung unter den Zellen notwendig ist.

Die Gangbildanalyse ist ein wichtiges Tool in der Arbeit des Therapeuten. Unregelmäßigkeiten im Gangbild werden erkannt und die nachfolgende Behandlung darauf abgestimmt. *Foto: Silke Kaupp*

Dadurch wird der gesamte Zellstoffwechsel in Schwung gebracht und eine effektive Arbeit ist im Gewebe wieder möglich.

Auch in der Thermografie lässt sich die Durchblutungsförderung darstellen.

Infolge der wiederhergestellten Funktionsfähigkeit der Muskelfasern werden lokale Störungen aufgelöst, die Energie kann sich ohne „Knoten" wieder gleichmäßig im gesamten Muskel verteilen und man spürt auch in weiter entfernten Muskelregionen den ausstrahlenden Release.

Ablauf einer Dry-Needling-Behandlung

Jeder Therapeut hat natürlich seine eigene Vorgehensweise in der Behandlung. Um das Dry Needling gezielt in seine Behandlung mit einfließen zu lassen, muss eine vollständige Anamnese erfolgen. Der Therapeut wird über die Probleme des Pferdes unterrichtet und erhält umfassende Informationen zum Gesundheitszustand, dem Verhalten und der Vergangenheit des Pferdes. Nach einer Gangbild- und Exterieuranalyse erfolgt die Palpation des Pferdes auf Muskelverspannungen, Bewegungseinschränkungen, Wärme, mögliche Entzündungen und so weiter.

Kontraindikationen wie ...
... Tumore
... schlechter Allgemeinzustand
... Fieber
... Kreuzverschlag
... Infektionen (mit oder ohne Fieber)

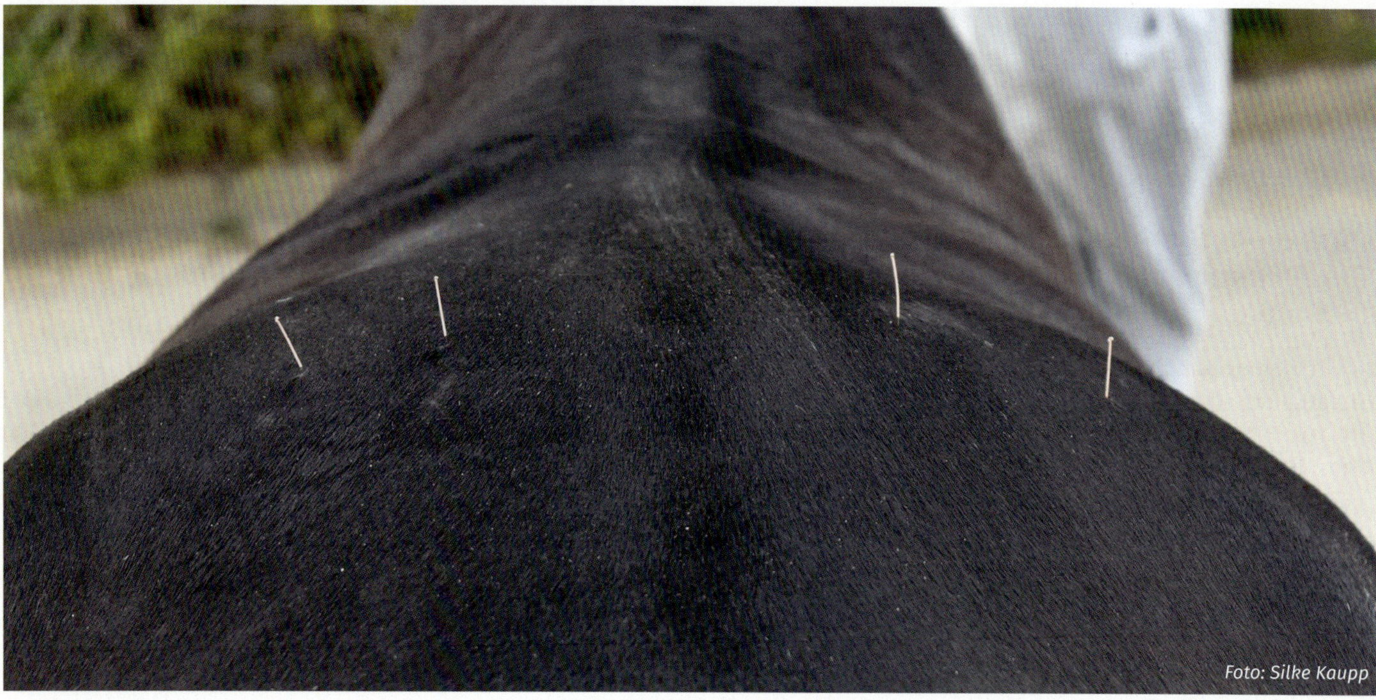
Foto: Silke Kaupp

... Trächtigkeit
... akute Verletzungen/Hämatome/Wunden/Lymphödeme/ Pilzerkrankungen
... Angst des Pferdes ...
... werden vom Therapeuten ausgeschlossen, bevor er das Pferd behandelt.

In der Regel wird als erste Behandlung eine sogenannte Grundbehandlung/Basisbehandlung durchgeführt. Diese beinhaltet die Behandlung der Muskelgruppen an Hals und Kruppe des Pferdes, die über myofasziale Strukturen miteinander in Verbindung stehen. Durch das Lösen dieser ineinanderlaufenden Muskel- und Faszienverläufe wird eine Entspannung im gesamten Körper erreicht. Das heißt also, man muss nicht immer direkt in den Triggerpunkt stechen, um etwas zu erreichen, sondern kann auch über die myofasziale Spannung im Körper erst einmal die Grundspannung lösen, ohne gleich direkt in den Schmerzpunkt zu nadeln.

Das ist schonender für das Pferd und sicherer für den Therapeuten, denn das Stechen ohne Vorwarnung in den Schmerzpunkt kann durchaus auch zu heftigeren Reaktionen der Pferde führen. In der ersten Behandlung kann man nach der erfolgten Grundbehandlung noch einzelne Muskeln/Triggerpunkte im Fine-Tuning behandeln. Danach sollte das Pferd circa zwei Tage Pause bekommen, damit der Körper Zeit hat, die Reize zu verarbeiten, und daraufhin zwei bis drei Wochen Zeit, bevor man eine Nachkontrolle ansetzt.

Nach den ein bis zwei Pausetagen (in denen das Pferd locker bewegt, aber nicht sportlich gefordert werden darf) wird das Pferd weitergearbeitet, sodass der Besitzer sehen und fühlen kann, was sich verändert. Oft merkt man schon am darauffolgenden Tag einen deutlich verbesserten Bewegungsablauf, vor allem die Bewegungslust aus der Hinterhand wird oft bemerkenswert gesteigert. Im Allgemeinen sind die Pferde lockerer und zeigen durch die wiederhergestellte Beweglichkeit mehr Bewegungsfreude, was sich durchaus auch einmal in freudigen Bocksprüngen zeigen kann.

In der Nachkontrolle wird das Pferd wieder palpiert und in der Gangbildanalyse begutachtet, der Besitzer berichtet vom Verlauf, und der Therapeut entscheidet, ob überhaupt noch eine weitere Behandlung mit Nadeln notwendig ist oder ob eine rein manuelle Behandlung ausreicht. Denn das Motto „So viel wie nötig, so wenig wie möglich“ gilt immer, wenn man Nadeln einsetzt.

Nebenwirkungen

Nebenwirkungen in Verbindung mit gezielt eingesetztem Dry Needling sind äußerst selten, vorausgesetzt, der Therapeut weiß über den Verlauf von Gefäßen, Organen, Nerven und Muskulatur Bescheid und beachtet die Zonen am Pferdekörper, in denen ausgebildete Therapeuten nicht nadeln. Vegetative Symptome wie Schwitzen sind selten, aber möglich. Auch kann es in Einzelfällen zu lokalen Hämatomen im Bereich der Einstichstelle kommen, die von selbst wieder verschwinden. Muskelkater kann nach der Behandlung entstehen, vergeht aber im Verlauf der ein bis zwei Ruhetage wieder von selbst. Kompensationsspannungen können aufgelöst werden, dadurch könnten Lahmheiten zum Vorschein kommen, die schon vorhanden, aber durch geschickte Kompensation nicht zu sehen waren. In seltenen Fällen wurde auch eine Allergie gegen die Beschichtung der Nadeln (Nickel) beobachtet. Sollte dem Pferdebesitzer eine Allergieneigung des Pferdes bekannt sein, sollte der Therapeut im Anamnesegespräch darüber informiert werden. Eventuell kann man dann auf alternative Methoden, wie die Arbeit mit einem Punktlaser, ausweichen.

Alternativen zur Nadel

Als Alternative zum Einstich mit der Nadel sind auch folgende Behandlungsmethoden bekannt:

- TENS (transkutane elektrische Nervenstimulation)
- Lasertherapie
- Manuelle Behandlung der Triggerpunkte mit Fingern oder Druckwerkzeugen
- Massagen

Dry Needling ist keine Akupunktur

Was unterscheidet die beiden Methoden? Außer dass bei beiden Methoden dieselben Nadeln eingesetzt werden, haben sie nichts gemeinsam. Das Prinzip der Akupunktur basiert auf der 5000 Jahre alten Tradition der chinesischen Medizin. Es werden Nadeln entlang der Meridiane (Energiebahnen) gesetzt, die den Körper durchziehen. Durch die Akupunktur werden Selbstheilungskräfte des Körpers aktiviert. Der Fluss der Lebensenergie im Körper wird wiederhergestellt. Die Akupunktur findet in verschiedensten Bereichen Anwendung, wie Organbeschwerden, die sich auf den Lungen-, Magen-Darm-Trakt, den Fortpflanzungsapparat und das Immunsystem niederschlagen können. Auch verschiedene Therapien zur Stressreduktion werden mit der Akupunktur unterstützt. Der Einsatzbereich der Akupunktur ist sehr vielfältig, dementsprechend setzt sie auch eine andere Ausbildung voraus. Diese ist eine vollständige dreijährige Ausbildung im Rahmen der Traditionellen Chinesischen Medizin.

Das Dry Needling ist eine westliche Technik und wurde auf der Grundlage der Neuroanatomie und der Lehre des Bewegungsapparats und des Nervensystems entwickelt. Sie ist eine Weiterentwicklung der Triggerpunkttherapie.

Mithilfe der Nadeln kann ein Muskel noch präziser und schonender behandelt werden als beispielsweise mit Fingerdruck oder druckausübenden Gerätschaften, da die Oberfläche geringer ist. Zudem schont sie die Ressourcen des Therapeuten, für den mehrere Triggerpunktbehandlungen am Tag eine enorme Belastung darstellen. Dry Needling wird ausschließlich für die Behandlung von Muskelbeschwerden eingesetzt. Die Ausbildung von Dry-Needling-Therapeuten erfolgt in Weiterbildungen für Pferdephysiotherapeuten oder Osteopathen. Die Indikationen und Kontraindikationen beider Techniken sind aufgrund ihrer Wirkweise unterschiedlich.

Silke Kaupp ist Pferdewirtin/Klassische Reitausbildung und Pferdephysiotherapeutin. Nach einem schweren Reitunfall hat sie das Reiten stark eingeschränkt und konzentriert sich auf die Behandlung sowie das Rehabilitationstraining der Kundenpferde und das Schreiben von Büchern. In „Hausaufgaben für Reiter" vermittelt sie den Pferdebesitzern Techniken zur Selbstmassage und Mobilisation des eigenen Pferdes, und im zweiten Buch nimmt sie den Reiter und Pferdebesitzer an die Hand, wenn es um Trainingsideen, Methoden, Übungen und Übungsreihen an der Longe oder unter dem Sattel geht. Sie lebt mit ihrer Familie und den drei eigenen Pferden im baden-württembergischen Raum rund um Stuttgart.
www.pferdephysio-kaupp.de

Anzeige

Exklusives Wissen, exklusive Ausbildung für qualifizierte tiermedizinische Fachkräfte:

Equine Dry Needling by Andrea Schachinger

+ Original Schachinger Dry Needling Ausbildung: national wie international anerkannt
+ Ausbildung exklusiv für TierärztInnen, Pferdeostheopathen, Tier-Therapeuten
+ Hochkarätige AusbilderInnen, 20 Jahre Erfahrung
+ International anerkannter Abschluss mit Prüfungen, Zertifizierungen in Theorie und Praxis

Lassen Sie sich nicht irgendwo ausbilden. Profitieren Sie vom exklusiven Wissen der Erfinderin und Dry Needling Pionierin.

Weitere Informationen und unseren Praxisleitfaden finden Sie hier:
www.ausbildungdryneedling.de

Centrum dry needling
Andrea Schachinger

Foto: Christiane Slawik

Atemwegserkrankungen

Was steckt hinter Husten & Co?

von Dr. Christina Fritz

Liest man veterinärmedizinische Bücher von vor 50 oder 100 Jahren, findet man immer wieder den Hinweis, dass Atemwegserkrankungen bei Pferden so gut wie nicht vorkommen und sie in der Hinsicht sehr robust seien. Geht man aber heute durch die Ställe, gibt es in praktisch jedem Stall mindestens ein Pferd, das chronisch hustet, manchmal ganze Pferdegruppen. Vor allem im Herbst, sobald das Wetter nasskalt wird, kommen akute Atemwegsinfekte hinzu, die leider allzu oft „hängen bleiben", sodass aus einem akuten Infekthusten ein chronischer Husten oder eine Dämpfigkeit wird. Aber warum ist das so?

Dazu muss man klar sagen, dass die Luft in den Ställen früher nicht besser war, häufig ganz im Gegenteil. Die Ställe waren oft niedrig und mit kleinen Fenstern ausgestattet, um „die Wärme im Stall zu halten", nicht zuletzt, damit das Tränkewasser nicht einfror. Die Pferde standen in dicken Matrazenstrohbetten, das Heu wurde oft aus hoch über den Köpfen hängenden Raufen gefüttert. Das waren alles andere als ideale Bedingungen für die Atemwege der Pferde, sollte man meinen. Was dabei oft vergessen wird, ist die Tatsache, dass die Pferde wirklich ausschließlich die Nacht in diesen Ställen verbracht haben. Tagsüber waren sie draußen und haben gearbeitet: im Geschirr vor dem Wagen oder dem Pflug oder unter dem Sattel. Sie waren nicht nur viel an der frischen Luft, sondern sie waren auch in Bewegung, was für eine tiefe Atmung und damit gute Ventilierung der unteren Lungenbereiche gesorgt hat. Diese körperliche Fitness und Förderung der Atmung ist es, was vielen Pferden heute fehlt. Und statt einer Erkältung ihren Lauf zu lassen und das Pferd hier beim Abhusten der Verschleimungen zu unterstützen, versuchen wir oft, den Husten möglichst schnell „wegzumachen", was aus vielen akuten Erkältungsinfekten chronische Hustenerkrankungen macht.

Die Atemwege – mehr als nur zwei Lungen

Pferde können ausschließlich durch die Nüstern atmen, im Gegensatz zum Menschen oder Hund. Durch die Nüstern wird die Atemluft aufgenommen und zunächst durch die Nasennebenhöhlen geleitet. Hier wird sie erwärmt und angefeuchtet, und in der Luft enthaltene Stäube und Keime werden durch die feuchten Schleimhäute gebunden. Das ist ein ganz wichtiger Effekt, denn Pferde stammen ursprünglich aus der Steppe, einer sehr staubigen Landschaft, wo es essenziell ist, solche feinen Partikel nicht in die unteren Atemwege gelangen zu lassen. Die so vorgereinigte Luft wird dann durch den Rachen am Kehlkopf vorbei in die Luftröhre geleitet und von dort über die Bronchien in die unteren Atemwege. In den Lungen verzweigen die Bronchien immer feiner und enden schließlich in den Lungenbläschen, den Alveolen. Hier findet der Austausch von Gasen mit dem Blutstrom statt: Sauerstoff (O_2) wird aus der Atemluft vom Hämoglobin der roten Blutkörperchen aufgenommen und in die Gewebe und Organe transportiert. Kohlendioxid (CO_2) wird gleichzeitig vom Blutstrom in die Alveolen abgegeben und mit dem Ausatmen nach draußen transportiert. Der nächste Atemzug, der eingeatmet wird, bringt wieder frischen Sauerstoff in die Alveolen.

Viel Beachtung finden beim Pferd gerade im Hinblick auf Atemwegserkrankungen immer die unteren Atemwege, die der Tierarzt abhören kann. Nicht immer jedoch wird man hier fündig. Die oberen Atemwege, also Nüstern und Nasennebenhöhlen, spielen eine viel größere Rolle in der Abwehr von Infekten. Denn nicht nur Staub, sondern auch in der Atemluft enthaltene Viren und Bakterien bleiben meist schon hier an den Schleimhäuten „hängen", es kommt zu einem Infekt. Das ist eine Schutzfunktion, denn wenn solche Erreger erst einmal in die unteren Atemwege gelangen, kann ein solcher Infekt schnell auch lebensbedrohlich werden. Ein Virusinfekt der Atemwege ist dabei meist recht aggressiv und führt schnell zu Krankheit, die oft mit Fieber, Leistungsschwäche und klarem Nasenausfluss einhergeht. Husten kann, muss aber nicht auftreten in diesem Stadium. Auf die von Viren angegriffenen, entzündeten Schleimhäute setzen sich dann oft sekundär bakterielle Infekte, die mit dem typischen gelben Nasenausfluss einhergehen können, den Pferde abschnauben oder aushusten.

Husten – keine Krankheit, sondern ein Symptom

Es ist nicht immer sinnvoll, nur das Symptom „wegzumachen", sondern man sollte sich fragen, warum es überhaupt zu dem Symptom kommt. Husten hat beim Pferd in der Regel eine von zwei Ursachen. Beim „produktiven Husten" befindet sich etwas in den Atemwegen, das daraus entfernt werden soll, wie Schleim, Staub oder aspirierte Futteranteile beim hastigen Fressen von Kraftfutter. Deshalb wird ein Hustenreiz ausgelöst, um diese Fremdkörper schneller nach außen zu befördern. Dabei wird nicht immer etwas „ausgehustet", manchmal wird Schleim auch nur hochgehustet und gleich wieder abgeschluckt. Dieser Husten ist vergleichbar mit unserem Husten, wenn wir uns räuspern,

Körperliche Bewegung in schnellem Tempo sorgt für tiefe Atmung und damit gute Ventilierung auch der unteren Atemwege, was der Entstehung von chronischen Atemwegserkrankungen vorbeugen kann. *Foto: Christiane Slawik*

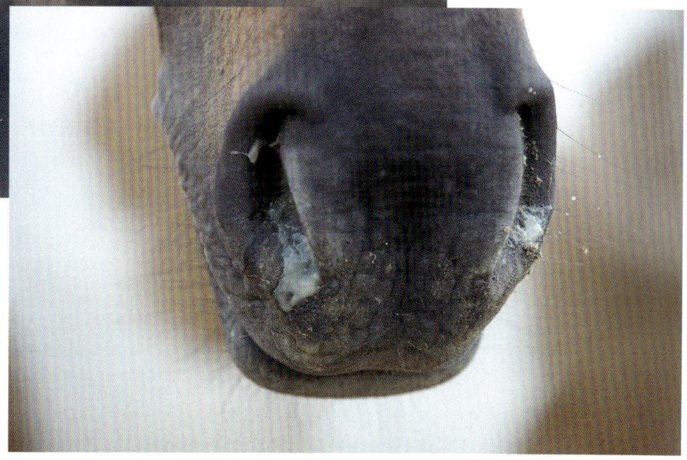

Nasenausfluss mit zäher Konsistenz von weißer oder gelber Farbe deutet immer auf einen Infekt der Atemwege unter Beteiligung von Bakterien hin. *Foto: Christiane Slawik*

um Schleim schneller hochzuschieben, oder heftig husten, nachdem wir uns verschluckt haben, oder wenn wir einen schleimigen Erkältungshusten haben.

Der Schleim kann dabei von einem akuten (bakteriellen) Infekt verursacht sein oder schon chronisch bestehen. So kann es auch beim Pferd zu chronisch vereiterten Nasennebenhöhlen kommen, ähnlich wie beim Menschen. Diese chronischen Infekte werden beim Pferd in unregelmäßigen Abständen aktiv, meist dann, wenn das Immunsystem geschwächt ist, was immer wieder zu Hustenschüben führt. Eine zunehmende Anzahl von Pferden leidet an chronischen Verschleimungen in den unteren Atemwegen, was in den meisten Fällen von einer ungünstigen Therapiekombination verursacht wurde. So ist es mittlerweile üblich, bei akutem (Infekt-)Husten einen Schleimlöser mit einem Bronchodilator zu kombinieren. Das sorgt dafür, dass der Schleim des akuten Infekts zwar gelöst wird, aber durch die künstlich geweiteten Bronchien nicht abgehustet werden kann, sondern in den unteren Atemwegen versackt. Denn Bronchodilatoren weiten nicht nur die Atemwege, sondern unterdrücken auch den Hustenreiz. Diese Kombination ist fatal, da jetzt der gelöste Schleim nicht mehr abtransportiert werden kann. Setzt er sich in den unteren Atemwegen fest, führt das meist zu chronischen Atemwegsproblemen und ständigen Neuinfektionen. Diese Kombitherapie scheint zwar schnell zu wirken, da die Pferde innerhalb von zwei bis drei Tagen nicht mehr husten oder rotzen, langfristig bereitet sie jedoch die größten Probleme. Sie ist mitverantwortlich für die massive Zunahme an chronisch hustenden Pferden in unseren Ställen.

Illusion „Heustauballergie“

Es gibt beim Pferd aber auch den unproduktiven Husten, der ohne Auswurf einhergeht, auch „trockener“ Husten genannt. Hier wird der Hustenreflex ausgelöst, weil die Atemwege zu trocken oder entzündet sind. Solche trockenen oder entzündeten Atemwege sind wiederum anfällig für Infektionen. Es sind dann oft die Pferde, die man gerade einigermaßen stabil hat, und beim nächsten Husteninfekt, der durch den Stall geht, fängt alles wieder von vorn an. Für solchen „trockenen“ Husten gibt es auch wieder mehrere Entstehungsmöglichkeiten. Oft geht dieser Husten mit chronischen Vereiterungen der Nasennebenhöhlen einher. Durch diese dauerhaften Infekte kommt es immer wieder zu Reizungen und Entzündungen von Kehlkopf und oberen Atemwegen, was ständig Reizhusten auslöst. Insbesondere Staub reizt immer wieder diese ohnehin schon entzündeten Atemwege und löst neue Hustenschübe aus.

Viel häufiger sind „trockene" Atemwege, die nicht in der Lage sind, die natürliche Schleimbarriere auf den Atemwegsschleimhäuten aufzubauen. Der Grund für solche trockenen Atemwege ist meist ein Mangel an Cystein. Diese schwefelhaltige Aminosäure ist zwar nicht essenziell in der Ernährung der Pferde, da sie vom Körper auch aus Methionin (essenzielle Aminosäure) oder mithilfe von anderen Schwefelquellen aufgebaut werden kann. Beim gesunden Pferd gibt es auch keinen Schwefelmangel, da ausreichend schwefelhaltige Aminosäuren aus dem Grundfutter aufgenommen werden können. Kommt es jedoch zu Störungen im Darm und daraus folgend Darmschleimhautentzündungen, wird dem Stoffwechsel massiv Schwefel entzogen. Bei einem so hohen Schwefelentzug reicht die Versorgung über das normale Futter nicht mehr aus und das Pferd entwickelt einen Cystein-Mangel, der sich in trockenen Atemwegen äußert. Neue Untersuchungen zeigen, dass Darmschleimhautentzündungen bei Pferden deutlich weiter verbreitet sind, als man bisher angenommen hat. Ein gestörter Verdauungstrakt hat direkte Auswirkungen auf die Atemwege, da die Pferde jetzt mit Reizhusten reagieren, vor allem wenn eine Reizung durch eingeatmeten Staub hinzukommt.

Langfristig entwickeln viele Pferde mit chronisch gereizten Atemwegen auch Allergien, vor allem gegen Schimmelpilze, aber auch Atemwegsallergien gegen Pollen, Tierhaare und andere Allergene sind beschrieben. Eine Allergie gegen „Heustaub" konnte bisher nicht nachgewiesen werden. Pferde, die beim Fressen von trockenem Heu husten, haben in der Regel entweder eine allergische Reaktion auf Schimmelpilzsporen aus dem Heu oder auf Staub aufgrund ihrer trockenen, gereizten Atemwege.

Die Fütterung von Heulage bei hustenden Pferden führt geradewegs in den chronischen Husten, da sie das Darmmilieu ansäuert und die daraus entstehenden Darmschleimhautentzündungen zu „trockenen" Atemwegen führen. Angefeuchtetes oder bedampftes Heu ist in jedem Fall der Heulage vorzuziehen. *Foto: Christiane Slawik*

Was tun gegen Husten?

Wie man sieht, ist Husten nur ein Symptom, dessen Ursachen sehr vielfältig und unterschiedlich sein können. Häufig ist es nicht sinnvoll, so schnell wie möglich das Symptom zum Verschwinden zu bringen, da in diesen Fällen meist die zugrunde liegende Problematik nicht therapiert wurde und das Risiko für die Entstehung von chronischen Atemwegsproblemen steigt. Daher muss man sich jeden Fall einzeln anschauen mit seiner Vorgeschichte und gegebenenfalls auch Begleiterkrankungen. So kann Kotwasser ein Hinweis auf entzündete Darmschleimhäute sein, die durch den damit einhergehenden Schwefelmangel zu trockenen Atemwegen und damit Reizhusten führen können. Der Schlüssel zur Therapie liegt in einem solchen Fall in der Beruhigung der Darmschleimhäute und dem Wiederaufbau der natürlichen Schleimbarriere der Atemwege. Auch neigen Pferde mit Atemwegsproblemen häufig dazu, besonders anfällig auf Infekte zu reagieren, die durch den Stall gehen. So kann ein Pferd mit chronischem (Reiz-)Husten auch durchaus zusätzlich einen Infekt mit produktivem Husten bekommen, der anders therapiert werden muss als der zugrunde liegende chronische Husten.

Analyse des Hustens:

Was ist die Grunderkrankung?

Was sind Begleiterscheinungen?

Welche Organsysteme sind mit betroffen?

Liegt ein trockener oder ein produktiver Husten vor?

Geht der Husten mit allergischem Geschehen einher?

Neben der Therapie der Grunderkrankung ist es sinnvoll, das Pferd auch symptomatisch zu unterstützen. So ist es bei hustenden Pferden in den meisten Fällen angezeigt, zunächst nasses oder bedampftes Heu zu füttern. Von Heulage sollte unbedingt abgesehen werden, da durch die damit einhergehende Übersäuerung des Verdauungstrakts Darmschleimhautentzündungen entstehen können, durch die ein akutes Geschehen chronifizieren kann. Bei den meisten Pferden mit Atemwegsproblemen reicht es, das Heu mit einer Gießkanne nass zu machen oder mit dem Wasserschlauch abzuspritzen. Vom längeren Tauchen sollte man absehen, da der immer im Heu enthaltene Schimmel unter Stress gerät und der Sporenabwurf erhöht wird, was ein gesteigertes Allergierisiko bedeutet. Husten die Pferde trotz feuchtem Heu, sollte das Heu bedampft werden, um Schimmelpilze abzutöten und damit den Sporenauswurf zu unterbinden.

Helferlein „Inhalator“

Parallel dazu kann man mit den Pferden inhalieren, ob mit einem handelsüblichen Inhalator oder in einer Solekammer. Bei trockenen, gereizten Atemwegen reicht die Inhalation mit physiologischer Kochsalzlösung, um die Atemwegsschleimhäute zu befeuchten. Bei hartnäckigen Verschleimungen sollte eine höherprozentige Kochsalzlösung

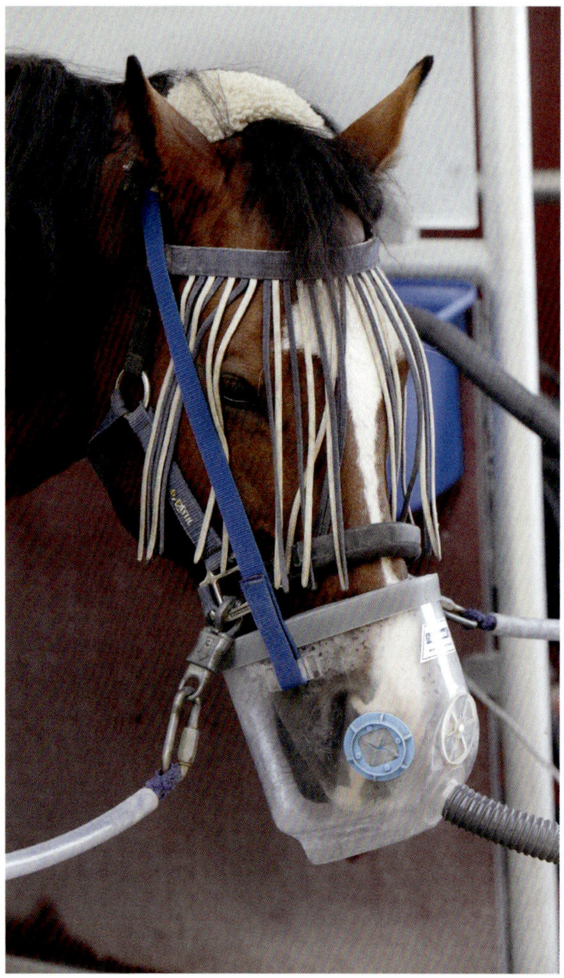

Inhalation mit Kochsalzlösung unterstützt die Schleimlösung in den Atemwegen. Medikamentöse Zusätze vom Tierarzt wie ACC unterstützen bei „trockenen“ Atemwegen, inhaliertes Cortison sorgt bei Asthma-Anfällen mit Atemnot für schnelle Bronchienweitung. *Foto: Christiane Slawik*

Pferde sind Steppenläufer, keine Höhlenbewohner.
Sie gehören hinaus an die frische Luft mit viel Bewegung,
gerne auch mal in flottem Tempo für eine tiefe Atmung.

Foto: Christiane Slawik

gewählt werden, um den Schleim zu verflüssigen. Optimal ist die Inhalation im flotten Schritt, mit einem mobilen Inhalator, da die Pferde dann deutlich tiefer atmen und das Inhalat auch in die unteren Atemwege gelangt. Nach dem Inhalieren die Pferde ohne Inhalator leicht bewegen, beispielsweise an der Longe locker traben lassen, damit der gelöste Schleim abgehustet werden kann. Hat das Pferd bereits Schleimansammlungen in den unteren Atemwegen, kann sich die Inhalationstherapie auch über mehrere Wochen hinziehen, bis alles gelöst und abtransportiert ist. Auf keinen Fall sollte mit ätherischen Ölen jedweder Form inhaliert werden. Die Atemwegsschleimhäute von Pferden sind wesentlich empfindlicher als die des Menschen und ätherische Öle können zu erheblichen Verätzungen führen!

Je regelmäßiger man sein Pferd arbeitet, umso besser wird seine Leistungsfähigkeit und man bekommt auch ein Gefühl dafür, wie viel Bewegung man seinem Pferd zumuten kann. *Foto: Christiane Slawik*

Foto: Christiane Slawik

Entzündungshemmer Kräuter

Das Lösen von hartnäckigen Verschleimungen kann man außerdem unterstützen durch schleimlösende Kräuter, wie man sie auch im normalen Husten- und Bronchialtee verwendet. Bei trockenen Atemwegen sollten eher entzündungshemmende und schleimbildende Kräutermischungen Anwendung finden, wie man sie beispielsweise im Reizhustentee einsetzt. Süßholzextrakt hat nicht nur beim Menschen, sondern auch beim Pferd eine stark entzündungshemmende Wirkung auf die Schleimhäute und kann gezielt kurweise (nicht länger als drei Wochen) gegeben werden. Außerdem wissen es Pferde mit entzündeten Atemwegen zu schätzen, wenn man die Kräuter als Tee aufgießt und einen Löffel Honig hineinrührt. Bei chronischen Nasennebenhöhlen, die man sehr einfach über Perkussionsdiagnostik der Schädelhöhlen feststellen kann, hat sich auch die Cranio-Sacral-Therapie als Unterstützung bewährt. Damit werden Verspannungen und Restriktionen im Schädelbereich gelöst, was zu einem besseren Abfluss der Verschleimungen führt. Ebenso können Akupunktur, Akupressurmassage und Homöopathie oft zu einer deutlichen symptomatischen Erleichterung und einem schnelleren Abheilen beitragen.

Bei trockenen Atemwegen, insbesondere wenn sie mit Darmschleimhautentzündungen einhergehen, kann außerdem die Fütterung von organischem Schwefel (MSM) und Zinkchelat unterstützend angezeigt sein.

Ob und welche Therapie(kombination) bei einem Pferd sinnvoll ist, sollte immer mit einem kompetenten Therapeuten besprochen werden, der eine genaue Anamnese erstellt hat. Therapien auf eigene Faust können aus einem harmlosen akuten Husteninfekt schnell ein chronisches Problem entstehen lassen, an dem dann über Jahre herumtherapiert wird, zulasten des Pferdes.

Lauftier, kein Höhlenbewohner

Zu einer erfolgreichen Therapie von Atemwegserkrankungen gehört es aber immer auch, die Haltung und das Bewegungsmanagement zu optimieren. So sollten Pferde viel Zugang zu frischer Luft haben. Optimal wäre die Haltung im Offenstall oder zumindest in Paddockboxen mit ganztägigem Auslauf in der Gruppe. Gleichzeitig ist darauf zu achten, dass das Pferd in seiner Haltungsform so wenig Stress wie möglich hat, da Stress immer auch das Immunsystem schwächt und so Atemwegsinfekten und Chronifizierung Vorschub leistet. Dabei kann eine Haltung in einer unpassenden Offenstallgruppe genauso viel Stress verursachen wie die Haltung in einer Box mit Bewegungsmangel und unfreundlichem Boxennachbarn.

Nicht zuletzt spielt die Ventilierung der Lunge durch Bewegung eine entscheidende Rolle. Pferde stehen sich krank! Nicht nur wir Menschen, sondern auch die Pferde neigen dazu, bei Bewegungsmangel nur flach und unvollständig zu atmen. Für gesunde Atemwege ist es aber notwendig, dass die Pferde wenigstens einmal am Tag über ihre Grundatmung hinauskommen. Das kann unter dem Sattel geschehen oder vor der Kutsche, an der Longe oder beim Freilauf in der Halle. Wichtig ist es, dass man die Atembewegung nachher deutlich an der Flanke sehen kann und die Frequenz über der Ruhefrequenz liegt.

Natürlich muss das Bewegungspensum der Leistungsfähigkeit des Pferdes angepasst werden. Aber auch chronisch atemwegserkrankte Pferde brauchen (leistungsangepasste) flotte Bewegung, damit ihre Lungen die Chance haben, sich zu erholen. Hier kann man mit Arbeit an der Longe anfangen, wo man jederzeit Tempo und Dauer so anpassen kann, dass das Pferd gut zurechtkommt. Gerade bei chronischen Hustern kann die Tagesform, auch abhängig vom Wetter, sehr stark variieren.

Ein kompetenter Trainer kann hier anfangs helfen, wenn man sich unsicher fühlt. Bekommt das Pferd einen Hustenanfall, lässt man es so lange stehen oder Schritt gehen, bis es abgehustet hat und macht dann weiter. Je weniger Hustenanfälle während der Longeneinheit kommen, umso eher kann man sich auch wieder aufs Pferd, ohne alle paar Meter durch einen Hustenanfall durchgeschüttelt zu werden.

Husten über TCM behandeln

Wie Akupressur helfen kann

von Stephanie Reineke

Foto: Marie Schade

In der chinesischen Medizin ist Husten nicht gleich Husten. Es gibt in der Traditionellen Chinesischen Medizin (TCM) viele verschiedene Namen für eine Erkrankung. Atemwegsprobleme können unterschieden werden in „Lungen-Yin-Mangel", „Lungen-Yang-Mangel", „Die Niere kann das Qi der Lunge nicht empfangen" und „Leber-Feuer stört die Lunge", um nur einige zu nennen. Oder westlich übersetzt bedeutet das: trockener Husten, Asthma, Krampfhusten, Husten mit gelbem Schleim, Husten mit weißem Schleim, Husten mit festsitzendem Schleim und so weiter. Wie kann nun die TCM oder, besser gesagt, die Akupressur einem Pferd mit Husten helfen?

Mit der Akupressur kann man sein Pferd selbst unterstützen, denn jeder Husten hat sein jeweiliges Muster und die am besten passenden Akupressurpunkte. *Foto: Marie Schade*

Für uns hören sich die chinesischen Bezeichnungen der Disharmoniemuster (so werden Krankheiten in der TCM benannt) eher fremd an. Wenn man aber weiß, dass die Chinesen vor über 3000 Jahren weder Röntgen noch Ultraschall kannten, sondern die Erkrankungen anhand von Beobachtungen aus der Natur benannt haben, werden diese nachvollziehbarer. Dies ist ein kleiner Ausflug in die fantastische Welt der Traditionellen Chinesischen Medizin (TCM). Diese Reise kann Ihnen helfen, die verschiedenen Disharmoniemuster bei Husten zu erkennen.

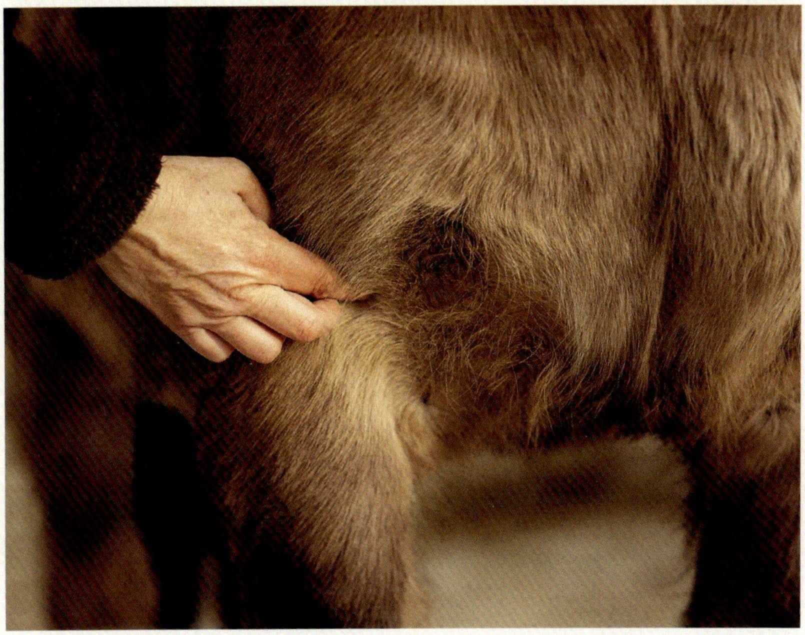

Für eine erfolgreiche Akupressur gilt:

1. Selbst ruhig und ausgeglichen sein, denn in Hektik kann man nicht gut behandeln.
2. Mit sanftem Druck beginnen und den Druck langsam steigern.
3. In kleinen kreisenden Bewegungen akupressieren. Dabei ist es egal, welcher Finger dazu genutzt wird.
4. Im Uhrzeigersinn akupressieren, um aufzufüllen, und gegen den Uhrzeigersinn, um abzuleiten.
5. Jeder Punkt sollte 30 Sekunden bis 2 Minuten akupressiert werden.
6. Ohne Diagnose keine Therapie, das heißt, dass zunächst das Disharmoniemuster diagnostiziert werden muss, damit die Behandlung erfolgreich wirken kann.

Wie schon zu Beginn angedeutet, müssen Atemwegserkrankungen in der TCM je nach Disharmoniemuster unterschiedlich behandelt werden. Dazu muss allerdings erst einmal herausgefunden werden, um welches Disharmoniemuster es sich beim Husten des Pferdes handelt. Hierfür brauchen Sie eine Diagnose nach Traditioneller Chinesischer Medizin, denn es muss zwischen Hitzehusten, Kältehusten, Schleimhusten, Lungenhusten, Nierenhusten und Leberkrampfhusten unterschieden werden. Aber wie funktioniert das?

Die TCM-Diagnose

Die TCM hat viele Diagnosemöglichkeiten, die von erfahrenen TCM-Therapeuten auch genutzt werden sollten. Hier möchte ich mich aber auf die Diagnosemöglichkeiten beschränken, die (mit ein wenig Übung) von jedem Pferdebesitzer selbst durchgeführt werden können.

Maßgeblich bei dieser chinesischen Diagnose ist das Befinden des Pferdes (schwach und kraftlos oder reizbar und unruhig), das Trinkverhalten (viel oder wenig Durst) und das Hauptsymptom des Hustens (trocken, mit Schleim, krampfartig). Auch die Zunge sollte genauer angesehen werden, denn die Zungen- und Pulsdiagnostik hat in der chinesischen Medizin einen hohen Stellenwert.

Für eine TCM-Zungendiagnose sollte man eine Hilfsperson haben, es sei denn, das Pferd kann die

Während die Pulsdiagnostik eine sehr genaue Anleitung und jahrelange Übung erfordert, kann die Zunge des Pferdes, mit ein paar Tricks und moderner Technik, recht einfach beurteilt werden. *Foto: Marie Schade*

Zunge auf Aufforderung herausstrecken. Andernfalls muss eine Person das Maul öffnen, am besten funktioniert das über Druck auf die Laden (den zahnlosen Teil des Kiefers), während die andere Person vor dem Pferd steht und das Maul filmt. Im Nachhinein kann das Video an den Stellen gestoppt werden, an denen die Zunge vollständig gut erkennbar ist. Mit ein wenig Übung kann man die Zunge des Pferdes auch allein beurteilen. Die Standposition des Menschen sollte sich dabei vor dem Kopf des Pferdes befinden.

und Leere werden anhand der Vitalität des Patienten bestimmt. Bei einer Fülleerkrankung ist der Patient unruhig, hat starke Symptome und die Erkrankung befindet sich meist in einem akuten Stadium. Liegt eine Leereerkrankung vor, ist das Pferd schwach und lustlos, oft ist die Erkrankung bereits chronisch und durch lediglich schwache Symptome gekennzeichnet. Eine Fülle oder Leere zu unterscheiden ist wichtig für die anschließende Behandlung, denn bei einer Fülleerkrankung muss ableitend akupressiert werden, während

An der Zunge können verschiedene Symptome, die Erkrankungen anzeigen, erkannt werden. Eine rote Zunge zeigt eine Hitzeerkrankung, während eine blasse Zunge Kälte anzeigt. Ist die Zunge dick geschwollen, liegt eine Schleimbelastung vor. Ist die Zunge hingegen dünn, wird kein Schleim in der Lunge sein. *Fotos: links und rechts Diana Tiebes, Mitte Stephanie Reineke*

In der weiteren Diagnostik orientiert man sich an den acht Leitkriterien. Dabei entscheidet sich, welcher pathogene (krank machende) Faktor vorliegt und welcher Funktionskreis betroffen ist.

Über diese acht Leitkriterien unterscheidet man, ob die Erkrankung das Innere (Knochen und innere Organe) oder das Äußere (Muskeln, Sehnen, Faszien und Leitbahnen) betrifft, ob es sich um eine Fülle- oder Leereerkrankung handelt, ob Hitze oder Kälte vorherrschen und ob das Yin oder Yang im Mangel ist.

Atemwegserkrankungen betreffen Lunge, Bronchien oder Kehlkopf, also liegt hier eine Innenerkrankung vor, da innere Organe betroffen sind. Fülle

bei einer Leereerkrankung auffüllend akupressiert wird.

Hitze und Kälte werden anhand des Trinkverhaltens und der Zungenfarbe unterschieden. Eine rote Zunge und viel Durst deuten auf eine Hitze hin und eine blasse Zunge mit wenig Durst zeigt eine Kälteerkrankung an. Über diese Diagnosemöglichkeiten entscheiden wir, welchen Akupressurpunkt wir bevorzugen. Lunge 5 ist zum Beispiel Hitze ausleitend, während Lunge 7 eher Kälte behandelt. Auch für die Kräuterauswahl spielt es eine große Rolle, ob es sich um einen Kälte- oder einen Hitzehusten handelt, denn Thymian zum Beispiel hat wärmende und Spitzwegerich kühlende Eigenschaften.

Das Prinzip von Yin und Yang ist das Grundprinzip des gesamten Universums.

Aus dem Huang Di Nei Jing Su Wen
(Der Klassiker des Gelben Kaisers zur Inneren Medizin)

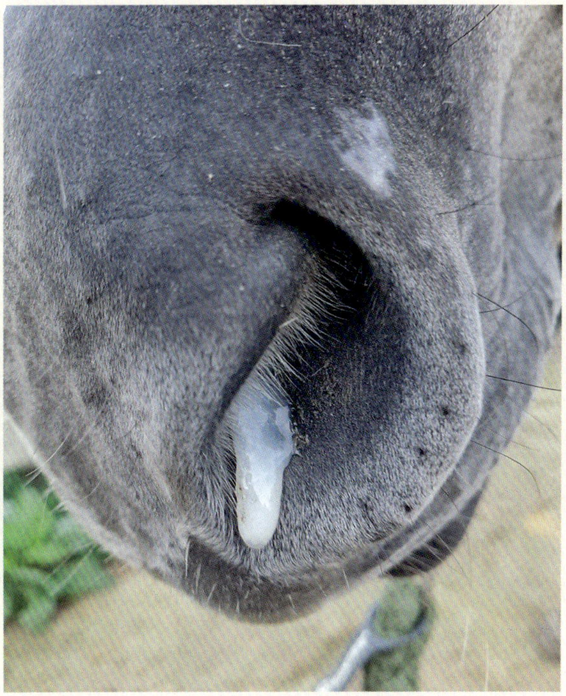

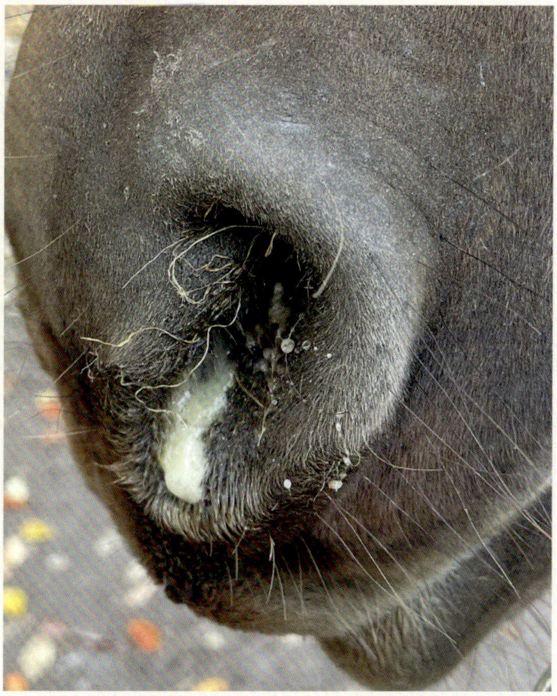

Die jeweilige Schleimform kann Rückschlüsse zu den TCM-Bildern geben: weißer Schleim aus Maul und Nüstern bei Kälte und gelber oder grüner Schleim bei Hitze. *Fotos: links Stephanie Reineke, rechts Babette Nummer*

Yin und Yang

Yin und Yang sind schlussendlich die Summe der acht Leitkriterien. Yin ist dafür zuständig, zu kühlen, zu befeuchten und zu beruhigen, das Yang hingegen wärmt, trocknet und dynamisiert.

Sind beide, Yin und Yang, im Gleichgewicht, ist das Pferd gesund.

Bei einem Yin-Mangel sehen wir ein unruhiges Pferd mit trockenem Husten, um bei den Atemwegen zu bleiben, und bei einem Yang-Mangel wird das Pferd eher frieren und viel Schleim abhusten. Die Diagnose, ob wir es mit einem Yin- oder Yang-Mangel zu tun haben, ist wieder maßgeblich für die Auswahl unserer Akupressurpunkte, denn es gibt sowohl Punkte zum Yin-Tonisieren als auch Yang-stärkende Punkte. Es wäre doch fatal, wenn Sie bei einem Yin-Mangel-Husten aus Versehen einen Yang-tonisierenden Punkt akupressieren, oder? Denn dann könnte der Husten noch trockener und das Pferd noch unruhiger werden.

Der Schleim identifiziert die Hustenart

Die pathogenen Faktoren der TCM sind Wind, Kälte, Hitze, Feuchtigkeit, Trockenheit und Feuer, womit wir wieder bei den Benennungen aus der Natur wären, und genau so können sie auch unterschieden werden.

Winderkrankungen treten plötzlich auf, wie der Wind, der auf einmal in einer Böe weht, und haben oft mit viel Bewegung zu tun, denn auch der Wind lässt den Strauch oder Baum wackeln. Ein Husten durch Wind wäre akut, mit anfallsartigen Hustenattacken.

Kälte und Hitze können, wie bereits bei den acht Leitkriterien und der Zungendiagnostik erwähnt, anhand von Zunge und Trinkverhalten diagnostiziert werden, sind aber auch am Schleim, der aus Nüstern und Maul kommt, zu sehen.

Funktionskreise. Die Bezeichnung Funktionskreise trifft die Sache eher, da sie mehr als nur die inneren Organe beinhalten. Oder haben Sie schon einmal was von einer hustenden Niere gehört? Um den oder die betroffenen Funktionskreise zu bestimmen, kann die Blasenleitbahn auf dem Rücken abgestrichen werden. Auf dieser Leitbahn liegen die sogenannten Rücken-Shu-Punkte, die alle eine Verbindung zum jeweiligen Funktionskreis haben. Reagiert das Pferd mit einem Hautzucken, wenn man auf einem bestimmten Punkt ist, oder fühlt man dort eine deutliche Vertiefung,

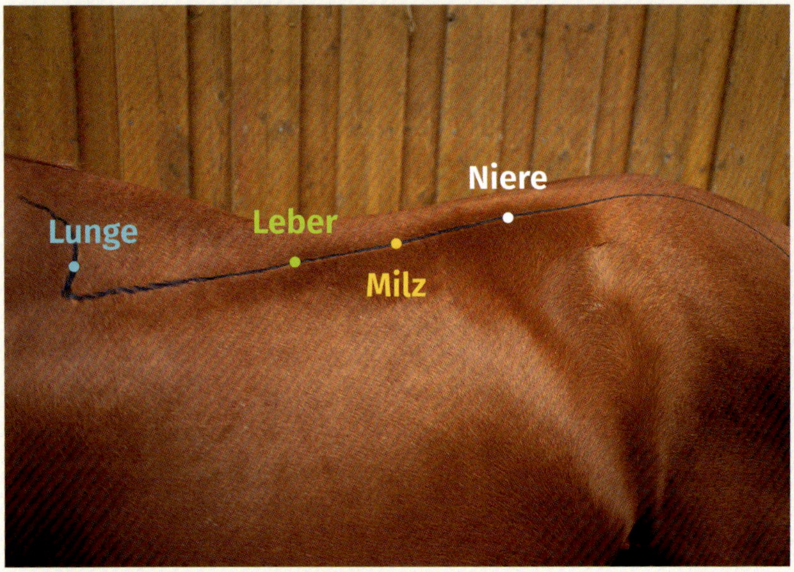

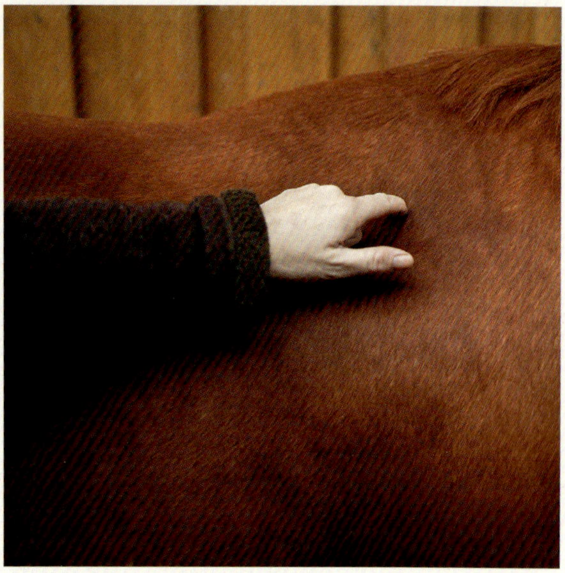

Auf dem Rücken liegen die Shu-Punkte (Zustimmungspunkte). Streicht man den Rücken an der Blasenleitbahn entlang, kann man den Fülle-/Leerezustand eines Funktionskreises erfühlen. *Fotos: Marie Schade, Grafik: Eva Lakas*

Feuchtigkeit und Trockenheit werden anhand von viel Schleim, der aus den Nüstern austritt und abgehustet werden kann, oder kein sichtbarer Schleim mit trockenem Maul und trockenem Husten bestimmt. Feuer wiederum ist die Steigerung von Hitze. Das Pferd wird bei Feuerhusten hohes Fieber haben, extrem unruhig sein, sehr viel trinken und eine dunkelrote Zunge haben.

Wichtig! *Ein Pferd mit Feuerhusten gehört dringend in tierärztliche Behandlung und sollte nicht nur akupressiert werden. Grundsätzlich gilt, dass die Akupressur bitte nur zur Unterstützung angewendet werden sollte.*

Der Befundung folgt die Akupressur

Wenn man die Anamnese aufgenommen und die Zunge genau betrachtet hat, muss man noch herausfinden, welcher Akupressurpunkt zu behandeln ist. Dazu benötigt man weitere Hinweise auf die betroffenen Organe beziehungsweise

weiß man, welcher Funktionskreis betroffen ist. Dieses Phänomen hat eine einfache wissenschaftliche Erklärung. Die Rücken-Shu-Punkte liegen alle an spezifischen Nervenaustrittsstellen, die eine neuronale Verbindung zum inneren Organ haben. Ist im Innern etwas nicht in Ordnung, melden dies die Nerven über das Rückenmark zum Gehirn. Indem man mit dem Finger über die Stellen fährt, in deren Höhe die Nerven in Richtung Rückenmark eintreten, ruft man eine Reaktion hervor, wenn man den betroffenen Bereich stimuliert.

Für die Diagnose der Shu-Punkte fährt man die Blasenleitbahn mit dem Zeigefinger ab, zunächst mit leichtem Druck. Dadurch entsteht eine leichte Markierung auf dem Fell. Man beginnt dazu am Oberrand/der höchsten Stelle des Schulterblatts, folgt dem hinteren Rand des Schulterblatts nach unten, bis man in eine kleine Kuhle fällt. Da die Wirbel im vorderen Bereich längere Dornfortsätze haben, verläuft der Wirbelkanal und somit auch die Blasenleitbahn leicht ansteigend bis etwa in der Mitte des Rückens, ungefähr eine Handbreit Abstand zu den gut fühlbaren, harten Dornfortsätzen. Dieser Linie folgt man bis über die Kruppe.

Wenn man diese Linie im Fell angezeichnet hat, kann man ganz bequem beim erneuten Abfahren auf Empfindlichkeiten achten und diese, entsprechend ihrer Lage, dem betroffenen Funktionskreis zuordnen. Dabei streicht man die Blasenleitbahn zunächst nur sehr sanft ab, denn Pferde mit Rückenschmerzen können dort sehr empfindlich reagieren. Sollte das Pferd beim leichten Abtasten keine Reaktion zeigen, kann man die Blasenleitbahn beim zweiten Mal mit mehr Druck abstreichen oder auf deutliche Vertiefungen an den entsprechenden Punkten achten.

Bei Atemwegserkrankungen sind meist die Funktionskreise Lunge, Milz-Pankreas, Leber und/oder Niere betroffen. Die reaktiven Shu-Punkte auf der Blasenleitbahn sind hierbei Bl13 (Lunge), Bl18 (Leber), Bl20 (Milz-Pankreas) und Bl23 (Niere).

Die Lunge ist der Hauptfunktionskreis bei Atemwegserkrankungen, die Leber wird von Wind beeinträchtigt und es kommt zu Husten mit Krämpfen. Der Funktionskreis Milz-Pankreas ist zuständig für das Verteilen der Feuchtigkeit. Kann die Milz ihrer Aufgabe nicht nachkommen, entsteht Schleim. Der Funktionskreis Niere hat die Aufgabe, das Qi der Lunge zu empfangen und die Lunge zu befeuchten.

Die Grafik zeigt die Lage der hauptsächlich betroffenen Zustimmungspunkte, der sogenannten Shu-Punkte. *Grafik: Sondra Kleinsorge*

Außerdem ist die Niere dafür zuständig, den Körper sowohl zu wärmen als auch zu kühlen. Dies geschieht über das Nieren-Yin und Nieren-Yang. Ist eins von beiden im Mangel, kommt es zu Hitze oder Kälte im Körper.

Nachdem man nun die Anamnese aufgenommen, die Zunge genau betrachtet und die Blasenleitbahn abgefahren hat, hat man womöglich herausgefunden, ob man einen Lungen-, einen Nieren- oder einen Milzpunkt akupressieren möchte, ob er Yin oder Yang unterstützen soll, also Hitze oder Kälte behandeln, und ob man Schleim ausleiten oder Trockenheit befeuchten möchte. Oder etwa nicht? Noch zu verwirrend?

Kältehusten und trockener Husten – Fallbeispiele

Sechsjähriger Hannoveraner-Wallach mit leichtem Husten

Der Husten tritt hauptsächlich im Winter auf und während der Hustenzeit kommt häufig weißer schaumiger Schleim aus den Nüstern. Der Wallach macht einen schlaffen, lustlosen Eindruck, trinkt wenig und die Zunge ist blass und geschwollen. Beim Abstreichen der Blasenleitbahn zuckt die Haut am hinteren Ende des Schulterblatts und im Bereich der mittleren Lendenwirbelsäule.

Wie ist die TCM-Diagnose und welche Punkte sollten akupressiert werden?

Der Husten, der im Winter auftritt, die blasse Zunge und der geringe Durst deuten auf eine Kälte hin. Die Shu-Punkte geben einen Hinweis auf die betroffenen Funktionskreise Lunge und Niere, deshalb suchen wir uns einen Lungen- und einen Nieren-Punkt, die Kälte ausleiten beziehungsweise das Yang tonisieren, zum Beispiel Lunge 7 und Niere 7. Da der Wallach schlapp ist, müssen wir unbedingt tonisieren, also im Uhrzeigersinn akupressieren.

Zwanzigjähriger Isländer mit trockenem Husten und Atemnot

Zum ersten Mal trat der Husten im trockenen Sommer auf. Seitdem jedes Frühjahr plötzlich auftretender, bis Spätsommer anhaltender anfallsartiger Husten mit Atemnot. Der Isländer kann am Anbindeplatz nicht still stehen und macht einen unruhigen Eindruck. Die Zunge ist rot und dünn und der Isländer geht oft zur Tränke und trinkt lange. Auf der Blasenleitbahn sind die Bereiche am hinteren Schulterblatt (Lunge), in der Mitte des Rückens

Wichtige Akupressurpunkte mit Funktion und Lage

Foto: Marie Schade

Lunge 5 (Lu5)
Lu5 liegt in der Ellenbogenbeuge. Er reinigt, befeuchtet und tonisiert die Lunge, eliminiert Schleim und Hitze und tonisiert sowohl das Lungen- wie auch das Nieren-Yin. Lu5 wird bei akuten Infektionen der Atemwege, Bronchitis, Asthma und Kehlkopfentzündung eingesetzt.

Lunge 7 (Lu7)
Lu7 liegt innen am Vorderbein, in der Rinne vor der Kastanie. Er ist der Hauptpunkt für Atemwegserkrankungen und behandelt Lungenkälte und -hitze, Wind, Feuchtigkeit und Schleim. Lu7 kann bei Bronchitis, Asthma, Atemnot, viel Schleim, Nasenausfluss, Kehlkopfentzündung, Fieber und Erschöpfung akupressiert werden.

Lunge 9 (Lu9)
Lu9 liegt innen am Vorderbein, direkt auf dem Karpalgelenk. Er ist der Tonisierungspunkt der Lungenleitbahn. Er tonisiert das Lungen-Qi und Lungen-Yin, befeuchtet Trockenheit und wirkt stärkend auf schwache Tiere. Lu9 stillt chronischen Husten und Asthma, die durch Yin-Mangel entstanden sind.

Magen 40 (Ma40)
Ma40 liegt außen am Hinterbein, mittig zwischen Knie und Sprunggelenk in einer Kuhle. Er ist der Meisterpunkt für Schleimstörungen und kann also hervorragend bei Husten mit Schleim akupressiert werden.

Milz-Pankreas 6 (MP6)
MP6 liegt innen am Hinterbein, hinter dem Knochen und am Ende des Muskelbauchs. Er ist hervorragend geeignet, Feuchtigkeit zu verteilen und auszuleiten, also bei viel flüssigem Schleim, der abgehustet werden kann.

Niere 6 (Ni6)
Ni6 liegt innen am Hinterbein, auf dem Sprunggelenk in einer deutlichen Vertiefung. Er stärkt das Nieren-Yin und kann somit hervorragend bei trockenem Husten mit Hitzezeichen akupressiert werden. Eine häufig angewandte Kombination bei Asthma ist Ni6 zusammen mit Lu7.

Niere 7 (Ni7)
Ni7 liegt ebenfalls innen am Hinterbein, direkt vor der Achillessehne und etwas oberhalb des Sprunggelenks. Ni7 stärkt das Nieren-Yang und wird bei Husten mit viel Ausfluss und Kältezeichen akupressiert.

Niere 27 (Ni27)
Ni27 liegt zwischen Brustbein und Schultergelenk. Er unterstützt die Niere darin, das Qi der Lunge zu empfangen. Ni27 kann bei Atemwegsentzündungen, Asthma und Husten mit Atemnot akupressiert werden.

Gallenblase 20 (Gb20)
Gb20 liegt direkt hinter den Ohren und ist der Meisterpunkt, um Wind auszuleiten. Er wird bei akuter Atemwegsinfektion mit Hitze eingesetzt.

Leber 3 (Le3)
Le3 liegt etwas innen am Hinterbein, direkt über dem Fesselgelenk. Le3 ist Wind und Hitze ausleitend, entkrampfend und löst Stauungen auf, deshalb ist er gut wirksam bei Husten mit Krämpfen und festsitzendem gelbem Schleim.

Konzeptionsgefäß 22 (KG22)
KG22 liegt in einer Vertiefung oberhalb des Brustbeins. Da er einen positiven Einfluss auf das Lungen-Qi hat, wird er bei Husten, Bronchitis, Asthma und Atemnot akupressiert.

Alle Akupressurpunkte gibt es jeweils auf jeder Körperseite, da die Hauptleitbahnen doppelt angelegt sind. Eine Ausnahme ist KG22 auf dem Konzeptionsgefäß, das auf der Bauchmittellinie liegt und nur einmal vorhanden ist. In einer Behandlung sollten maximal drei bis vier Punkte akupressiert werden.

(Leber und Gallenblase) und auf Höhe der mittleren Lendenwirbelsäule (Niere) deutlich vertieft. Eine Reaktion konnte beim Abstreichen, auch mit festerem Druck, nicht hervorgerufen werden, da viele Robustrassen erst sehr spät Schmerzen oder Empfindlichkeiten anzeigen.

Wie ist die TCM-Diagnose und welche Punkte sollten akupressiert werden?
Bei dem Husten des Isländers handelt es sich um einen Hitzehusten mit Yin-Mangel und Trockenheit, der durch die rote dünne Zunge und den Durst erkennbar ist. Außerdem spielt der pathogene Faktor Wind eine Rolle, da der Husten jedes Mal plötzlich und akut auftritt, wie der Wind, der auf einmal aufbraust. Über die vertieften Shu-Punkte konnten die betroffenen Funktionskreise Lunge, Niere und Leber/Gallenblase erkannt werden.

In diesem Fall bieten sich die Akupressurpunkte Lunge 5 (Trockenheit befeuchten), Leber 3 (Hitze ausleiten), Gallenblase 20 (Wind ausleiten) und Niere 6 (Yin stärken) zum Behandeln an. Dabei werden Leber 3 und Gallenblase 20 ableitend akupressiert, um Hitze und Wind auszuleiten, und Lunge 5 und Niere 6 werden auffüllend akupressiert, um die Trockenheit zu befeuchten und das Yin zu tonisieren.

Notfall-Akupressur bei akuter Atemnot

Das magische Atemdreieck besteht aus den beiden Akupressurpunkten Ni27, rechts und links, plus KG22, und kann bei akuter Atemnot, bis der Tierarzt kommt, sehr wirksam akupressiert werden. Bei Bedarf kann man das Pferd täglich akupressieren, dabei sollten die einzelnen Punkte nach drei bis vier Tagen gewechselt werden, um einen Gewöhnungseffekt zu vermeiden.

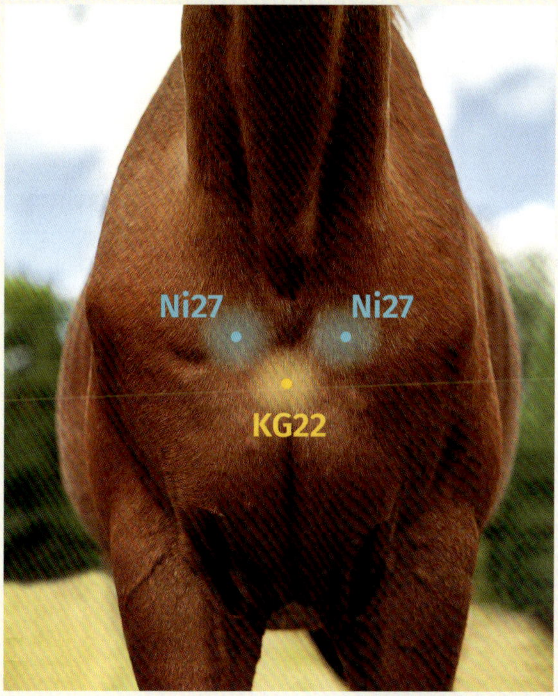

Das magische Atemdreieck kann als Überbrückung, bis der Tierarzt kommt, akupressiert werden.
Foto: Marie Schade

Stephanie Reineke ist zertifizierte Pferdephysiotherapeutin, zertifizierte Hundeosteotherapeutin und zertifizierte TCM Veterinärakupunkteurin mit eigener Praxis in Warburg/NRW. Ihr Praxisschwerpunkt liegt auf der klassischen TCVM, der chinesischen Phytotherapie und der Osteopathie in Verbindung mit Problemen im peripheren Nervensystem. Seit 2019 bildet sie an ihrem „Ausbildungszentrum für TCVM und Akupunktur" Veterinärakupunkteure aus. Im Juni 2022 erschien ihr Buch „TCM-Diagnostik in der Veterinärmedizin". Auf ihrem YouTube-Kanal gibt es einige Videos mit Erklärungen zur TCM-Diagnose und den verschiedenen Akupressurpunkten.
www.pferdephysio-sr.de

Anzeige

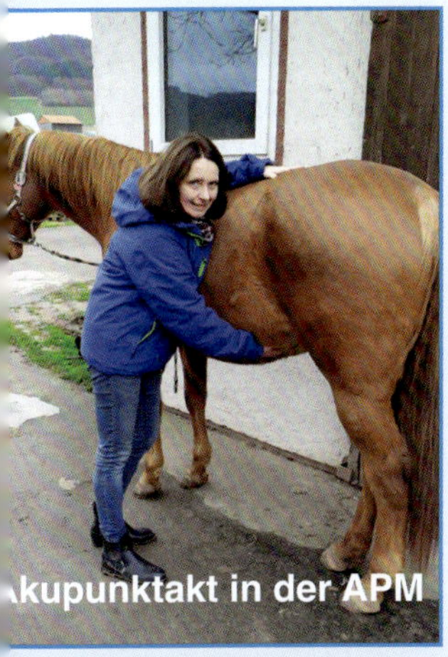

AKUPUNKT-MASSAGE nach Penzel (APM) am Pferd
Ausbildung in Meridianbehandlung für Reiter*innen + Therapeuten*innen

- Meridianmassage auf Grundlage der Akupunkturlehre
- Pflege des Energiekreislaufes zur Beseitigung von Rittigkeitsproblemen und funktionellen Störungen
- Optimierung der Skala der Ausbildung
- Fortbildung ist FN-anerkannt

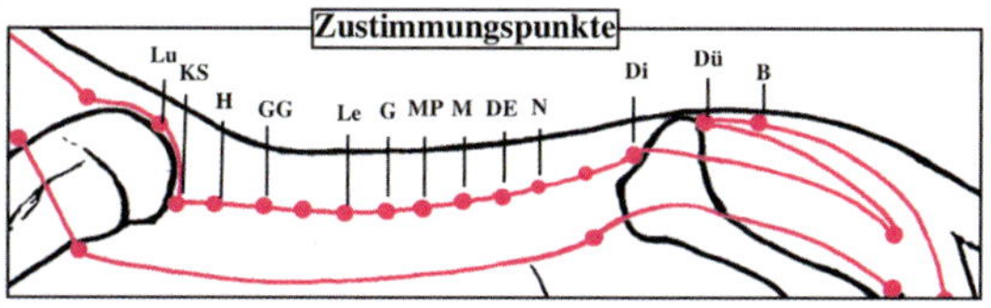

Ausbildung auch für PferdebesitzerInnen ohne medizinische Vorkenntnisse möglich.

APM Akademie GmbH & Co. KG

Willy-Penzel-Platz 1-8 DE-37619 Heyen bei Bodenwerder
T: +49 (0) 55 33/97 37 0 info@apm-penzel.de
www.apm-penzel.de

Soletherapie für Pferde

Wie gelöstes Salz bei Atemwegserkrankungen helfen kann

von Eva Offers

Die Soletherapie erfreut sich in den letzten Jahren auch in der Pferdewelt immer größerer Beliebtheit. Anfänglich exotisch, von vielen etwas belächelt, wird diese Therapieform nunmehr vielerorts angeboten und von immer mehr Pferdebesitzern genutzt. Von der „stationären“ Therapie in Ställen, die diese Therapieform einzeln oder in Kombination mit anderen Therapieformen oder im Rahmen ihres Rehabilitationskonzepts anbieten, über die mobile Lösung im Pferdeanhänger oder sogar über mobile Geräte für den Einsatz in der eigenen Pferdebox zu Hause – es gibt verschiedene Systeme und Möglichkeiten.

Was ist überhaupt „Sole“? Was versteht man darunter? Prinzipiell ist Sole nichts anderes als Salzwasser – unter Sole versteht man somit ganz allgemein eine Salzlösung. Sole (aus spätmittelhochdeutsch sul, sol für „Salzbrühe“) ist eine wässrige Lösung von Salzen, die mindestens 14 Gramm gelöster Stoffe pro Kilogramm Wasser enthält. Ursprünglich bezeichnete der Ausdruck nur die Kochsalzlösungen, aus denen aus natürlichen Solequellen in Salinen, Gradierwerken, Salzbergwerken oder am Meer Salz gewonnen wurde. Durch Eindampfen an der Sonne (Evaporation) oder Sieden der Sole wird dann Kochsalz gewonnen. Zum Ursprung des in der Lösung enthaltenen

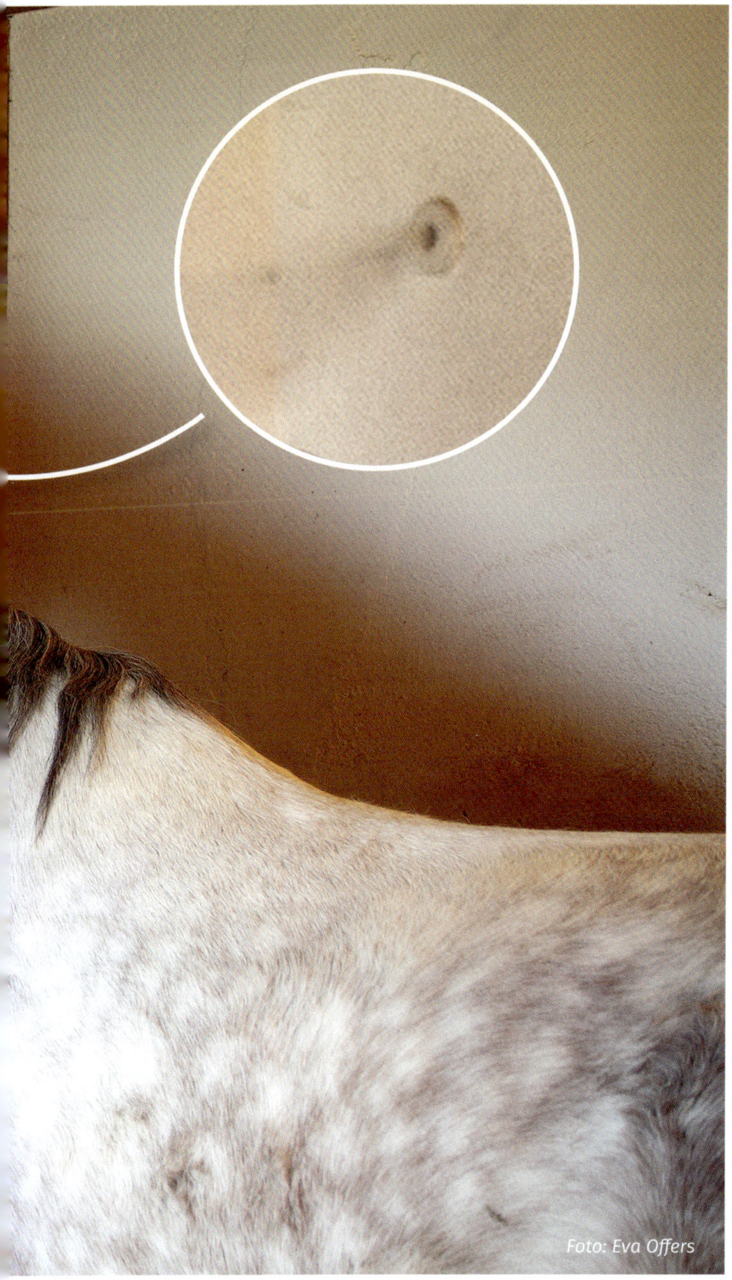

Foto: Eva Offers

Salzes macht der Begriff als solcher keine Aussage. Bereits hier gibt es unterschiedliche Herangehensweisen und Angebote der verschiedenen Hersteller. Einige Beispiele sind:

- Totes-Meer-Sole
- Nordsee-Sole
- Himalaya-Salzsole

Eine gesättigte Salzlösung (26%ig) entsteht, wenn sich das Salz im vorhandenen Wasser nicht mehr löst – wenn sich so viel Salz wie möglich in Lösung begeben hat und das Wasser nicht mehr Salz aufnimmt. Diese gesättigte Salzlösung mit ihrer tiefgelben Farbe wird auch als „Mutterlauge“ bezeichnet. In der Soletherapie finden in der Regel Lösungen mit niedrigerem Salzgehalt Anwendung, keine gesättigten Lösungen: In der Medizin werden Kochsalzlösungen mit einem Salzgehalt von 1,5–6 % als Sole bezeichnet.

Welche Eigenschaften haben Salz- und Solelösungen?

Salz werden in der Physiologie verschiedene Eigenschaften zugeschrieben:

- Stoffwechselaktivierend – Knochenaufbau, Rolle bei Reizübertragung von Muskel- und Nervenzellen.
- Flüssigkeitsregulierend – den Wasserhaushalt kontrollierende Eigenschaften (Stichwort: „Osmose“).
- Antimikrobiell – Salz entzieht gängigen Mikroorganismen wie krank machenden Bakterien und Pilzen den Nährboden.
- Antiallergisch – Dieses Mitwirken im Wasserhaushalt des Organismus und damit im serotonergen System lässt Salz indirekt auch als ein sehr wirksames Antihistaminikum (= Antiallergikum) wirken, da es das histaminerge System hemmen kann.

Die oben genannten Eigenschaften lassen Salz in der Therapie Erfolg versprechend bei unterschiedlichen Krankheitsbildern zur Anwendung kommen.

Soleanwendungen – warum gelten sie als förderlich für die Gesundheit?

Therapien mit Salz sind in der Medizin schon lange bekannt. Die Halotherapie-Therapie mit trockenen Salzen (griechisch halos = Salz) wird schon seit Urzeiten vom Menschen erforscht und ausprobiert und kommt auch heute noch bei vielen verschiedenen Krankheitsbildern als Alternative bzw. Ergänzung zur Schulmedizin in vielfältigen Variationen zum Einsatz.

Die Soletherapie wird von den meisten Schulmedizinern nach wie vor eher in die Schublade „Wellnessanwendung“ gesteckt. Unumstritten ist, dass Soleanwendungen dem Patienten meist ein allgemeines Wohlbefinden bescheren. Eine durch wissenschaftliche Studien belegte erfolgreiche Anwendung der Sole findet sich jedoch bei diversen, meist chronischen Hauterkrankungen sowie bei akuten oder chronischen

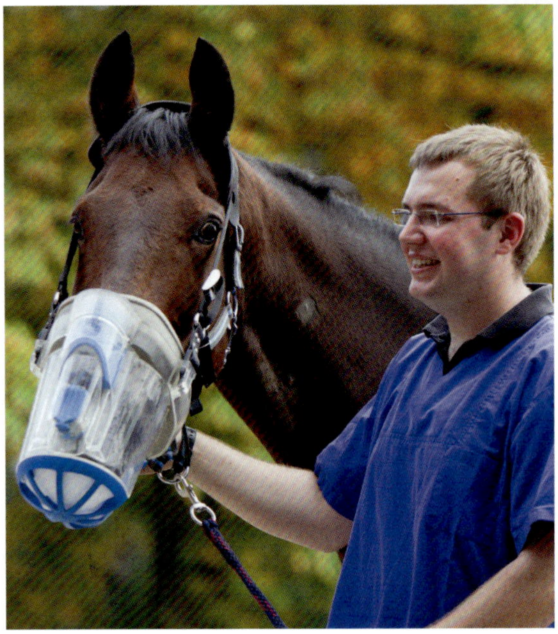

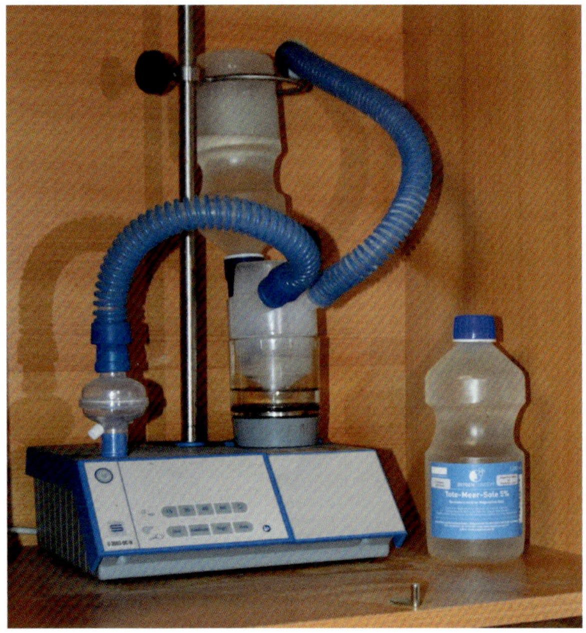

Soletherapie wird in verschiedenen Systemen angeboten: in einer Solekammer mit Vernebler, als mobile Hängervariante und als transportables Inhalationsgerät. *Foto links: Christiane Slawik, Fotos rechts: Martina Kiss*

Atemwegserkrankungen. Die Belege aus der Humanmedizin lassen sich dabei durchaus auf Tierarten wie Pferd oder Hund übertragen.

Welche Formen oder technischen Umsetzungen gibt es bei der Soleinhalationstherapie für Pferde?

Die gängigsten Systeme arbeiten dabei grundsätzlich mit der Ultraschallvernebelung.

Dabei unterscheidet man im Wesentlichen zwei Systeme bezugnehmend auf die Art und Weise, wie die Aerosole in die Pferdelunge eingebracht werden:

1. Ultraschallverneblung im Inhalationsgerät
Die Geräte werden dabei um die Pferdenase herum angebracht, das Pferd inhaliert direkt über die Nüstern.

2. Ultraschallverneblung mit Abgabe der vernebelten Sole (Aerosole) in einen abgegrenzten Raum („Solekammer")
Das Pferd atmet die im Raum befindlichen Aerosole ein, gleichzeitig wirken diese auch am ganzen Pferdekörper. Einige Anbieter ergänzen ihren Vernebler noch durch weitere Geräte, die ionisierten (negativ geladenen) Sauerstoff abgeben. Darauf gehe ich am Ende des Artikels kurz ein.
Der wesentliche Nachteil der Systeme, die mit einem aufgesetzten Inhalator arbeiten, ist, dass der positive Effekt aus der Aufnahme der Partikel über die Haut des Pferdes völlig wegfällt. Der Vorteil ist jedoch, dass die Therapie durch das kompakte und im Vergleich günstigere System im heimischen Stall einfacher möglich ist, auch wenn dort keine spezielle Solekammer zur Verfügung steht. Viele Anbieter bieten ebenso leihweise Inhalationsgeräte an.

Bei beiden Lösungen lässt sich grundsätzlich sagen, dass der Grad der Wirksamkeit von der Aerosolgröße, die erzeugt wird, abhängig ist. Bei der Abgabe in einen geschlossenen Raum, beispielsweise in eine Pferdebox oder in einen separaten Raum im Stall (Solekammer) oder in einen Pferdeanhänger (mobil), lässt sich die Aerosolgröße an der Nebelbildung erkennen. Je feiner der Nebel, desto kleiner die Aerosole. Je kleiner die Aerosole, desto tiefer dringen diese in die Pferdelunge vor – und nur besonders kleine Aerosole werden optimal über die Haut aufgenommen und helfen dadurch besser bei Hautkrankheiten wie Pilzen, Ekzemen oder entzündeten Wunden.

Faustregel: Je dichter der Nebel (sehe ich mein Pferd oder nicht?), desto größer die Aerosole. Je nasser mein Pferd nach der Therapie ist (Schweißbildung ist hier nicht gemeint), desto größer die Aerosolpartikel. Solekammern mit großen Aerosolen transportieren Schmutz recht schnell aus dem Bereich der oberen Atemwege, da das Pferd im Verhältnis mehr Feuchtigkeit einatmet, die diese Partikel herausspült. Die Wirkung in den tieferen Atemwegen sowie in der Pferdelunge selbst ist bei kleinerer Aerosolbildung besser – konkret sichtbare Effekte stellen sich dabei oft erst nach der dritten oder vierten Behandlung ein.

Was sind die Hauptsymptome lungenkranker Pferde?

Husten

Husten ist ein häufiger erster Indikator dafür, dass Atemwegserkrankungen beim Pferd vorliegen. Auch bei Reizungen der Atemwege tritt er auf. Hier unterscheidet man grundsätzlich zwischen „produktivem" Husten und dem „unproduktiven" Husten (trockener Husten).

Nasenausfluss

Er tritt ebenfalls häufig in Verbindung mit Atemwegsproblemen auf. Klar, flüssig, in deutlich sichtbaren Rinnsalen austretend oder weiß-schaumig bis hin zu gelb-eitrig.

Fieber

Es geht oft einher mit infektiösen Krankheiten und kündigt sich vorab bereits häufig durch Teilnahmslosigkeit und mangelnden Appetit beim Pferd an.

Wichtig: Eine frühzeitige Erkennung dieser Problematiken und eine rechtzeitige Behandlung verhindern in der Regel, dass aus diesen Atemwegserkrankungen chronische Probleme beim Pferd entstehen. Verschleimungen sitzen meist erst oberflächlich, setzen sich aber im fortlaufenden Krankheitsverlauf immer tiefer in den Atemwegen und der Lunge ab und führen letztendlich zu tief sitzenden Verklebungen. In diesem Stadium ist es immens schwieriger, die Ablagerungen zu lösen und dem Pferd und der Pferdelunge beim Abtransport zu helfen. Irritierend dabei ist für viele Pferdebesitzer die Tatsache, dass beispielsweise der Husten als offensichtliches und in der Regel früh auftretendes Symptom bei Atemwegserkrankungen im Zuge der Entwicklung zu einem chronischen Leiden immer weniger auftritt, in den Augen des Pferdebesitzers also „gefühlt" sogar eine Besserung eintritt.

Woran sind chronische Atemwegserkrankungen zu erkennen?

- verminderte Leistungsfähigkeit
- erhöhte (leicht oder deutlich) Atemfrequenz
- einsetzende Atemnot (Dyspnoe)
- deutlich geblähte Nüstern
- „Bauchatmung" bei erschwerter Ausatmung

In diesem chronischen Stadium sind die Schleimhäute der Pferde dauerhaft geschwollen und gereizt, was zu einer dauerhaften Verengung der Bronchien führt. Die überlastete Bronchialschleimhaut produziert zähen, häufig fest sitzenden Schleim. Dieser Schleim behindert die Atmung zusätzlich. Kommen zu diesem Zustand noch allergische Auswirkungen, beispielsweise Reaktionen auf Staub oder den im Frühjahr einsetzenden saisonal stärkeren Pollenflug, können solche Pferde innerhalb weniger Tage in eine nahezu lebensbedrohliche Symptomatik abrutschen. Daher gilt: Je früher bei Lungen- oder Atemwegsproblemen behandelt wird, desto besser.

Nasenausfluss und Husten sind die häufigsten Indikatoren für Atemwegserkrankungen. *Foto links: Christiane Slawik, Foto rechts: Eva Offers*

Soletherapie in Kombination mit einem gemäßigten, individuell abgestimmten Bewegungsprogramm ist bei Atemwegserkrankungen durchaus förderlich. *Foto: Eva Offers*

Wie kann die Soletherapie helfen?

Prophylaktische Anwendung

Weiß ich als Pferdebesitzer von allergischen Reaktionen meines Pferdes auf den im Frühjahr einsetzenden Pollenflug oder von der erhöhten Staubbelastung während der Heuernte oder der Ernte in ländlichen Regionen allgemein, kann ich mein Pferd mit einer frühzeitig begonnenen Soletherapie darauf entsprechend vorbereiten.

Anwendung bei auftretenden Krankheiten

Die Soletherapie kann in allen Schweregraden der Erkrankungen als therapeutische Maßnahme unterstützend angewendet werden. Das künstlich erschaffene Reizklima wirkt wie ein Spaziergang an der Meeresbrandung. Jeder, der selbst schon einmal am Meer spazieren gegangen ist, kennt die Wirkung der frischen salzigen Seeluft auf die Atemwege und das persönliche Wohlbefinden. Regelmäßige Soleinhalationssitzungen zwischen 30 und 45 Minuten – je nach Schweregrad der Erkrankung wöchentlich, mehrmals wöchentlich oder gar täglich – verbessern nachweislich den körpereigenen Abtransport lungengängiger Keime, Partikel und sich bereits in der Lunge und den oberen sowie unteren Atemwegen befindlichen Schleims. Dabei kommt die hygroskopische Wirkung der Sole (wasserentziehend) zu ihrer vollen Wirkung. Zusätzlich lindert die Sole Reizungen der Atemwege und hilft bei der Regulation des Flüssigkeitshaushalts des Gewebes.

Besser wirkt die Therapie, wenn das Pferd – im Rahmen seiner körperlichen Möglichkeiten seine Kondition und den Bewegungsapparat betreffend – nach der Inhalation relativ direkt durch Bewegung körperlich belastet wird, und zwar so, dass sich Puls und Atmung erhöhen, die Atmung nach der Inhalation somit tiefer wird und die Atemfrequenz sich erhöht. Die Sekretausscheidung kann unter Belastung um ein Vielfaches gesteigert werden. Bereits nach der dritten oder vierten Sitzung kann man dies feststellen und sieht bei vielen therapierten Pferden ebenfalls eine deutlich verbesserte Kondition. Wichtig dabei ist, dass die Belastung durch einen Trainer oder Therapeuten erfolgt, der die körperlichen Möglichkeiten des Pferdes berücksichtigt. Belastung um jeden Preis ist hier sicher nicht die Lösung.

Je nach Therapieziel kann auch in verschiedenen Sitzungen mit verschieden stark konzentrierten Solelösungen gearbeitet werden. Eine mit beispielsweise 6,5–7 % höher konzentrierte Solelösung wirkt deutlich abschwellend auf gereizte und angeschwollene Schleimhäute, denn sie entzieht dem betroffenen Gewebe überschüssiges Wasser (Osmose, Ausgleich des Konzentrationsgefälles). Zusätzlich wird die Durchblutung der Schleimhäute angeregt und verbessert. Das Lumen der Bronchialäste kann sich wieder besser öffnen und somit kann Luft besser ein- und austreten. Das wiederum fördert den Selbstreinigungsmechanismus der Lunge (mukoziliäre Clearance), der häufig bei lang anhaltenden Verschleimungszuständen zum Erliegen gekommen ist. Die sogenannten Flimmerhärchen, die Krankheitserreger und Fremdstoffe wie Staub aus den Bronchien und der Luftröhre beseitigen sollen, können wieder schneller und damit effektiver arbeiten. Die anfänglich erwähnte antimikrobielle Wirkung von Solelösungen unterstützt die Vernichtung potenziell pathogener Keime wie Bakterien oder Pilze auf der Bronchialschleimhaut. Diese fungieren häufig als Erstauslöser zum Beispiel beim (mit Fieber verbundenen) Atemwegsinfekt, aber auch als Sekundärinfektion bei chronisch angegriffener Bronchialschleimhaut.

Wann sollte die Soletherapie nicht angewendet werden?

Grundsätzlich bekämpft, vermindert oder behandelt die Soletherapie im Wesentlichen die Symptome von Haut- und Lungenkrankheiten. Eine Ursachenforschung ist unumgänglich. Bei fortgeschrittenen chronischen Krankheitsverläufen, bei denen Bereiche des Atmungsapparats bereits stark in Mitleidenschaft gezogen wurden, sorgt sie nicht für eine Wiederherstellung der betroffenen Bereiche. Da ist fachtierärztliche Unterstützung gefragt. Auch die nach der Inhalation empfohlene Bewegung und Belastung der Pferde ist wohlzudosieren und auf das jeweilige Pferd anzupassen.

Uns sind bisher bei der Anwendung keine Nebenwirkungen aufgefallen. Solekammern sind bei Pferden mit Platzangst mit Vorsicht zu genießen. Dabei muss das Pferd durch entsprechendes Training auf den Aufenthalt in der Kammer vorbereitet werden. Dabei empfiehlt es sich, die Aufenthalte langsam zu steigern. Weniger ist hier am Anfang sicher mehr. Den Aufenthalt in der Solekammer kann man den Pferden zusätzlich auch noch etwas schmackhaft machen – Heu fressen während der Therapie tut der Wirksamkeit keinen Abbruch. Dabei sollte man besonders auf negative Reaktionen der sichtbaren Schleimhäute im Bereich der Augen und am Maul der Pferde achten.

Wie wirkt die Soletherapie bei gesunden Pferden?

Die Soletherapie kann auch bei gesunden Pferden im Rahmen eines ausgewogenen Trainingsprogramms eingesetzt werden. Wird ein Pferd beispielsweise im Rahmen eines Beritts durch einen Trainer öfter in der Reithalle bewegt, unterstützt die Soletherapie den Abtransport der beim Training eingeatmeten Staubpartikel aus dem Hallenboden. Zum anderen ist es möglich, durch einen „sauberen" Atmungsapparat auch die Leistungsfähigkeit eines Pferdes – zusätzlich zum positiven Trainingseffekt – zu steigern und ihm dadurch die Arbeit zu erleichtern.

Einige Anbieter ergänzen ihre Ultraschallvernebler durch weitere Geräte, die ionisierten (negativ geladenen) Sauerstoff abgeben. Dieser wirkt zusätzlich zur Sole gegen lungengängige Keime, erweitert die Gefäße und unterstützt somit den positiven Effekt der Soletherapie.

Fazit

Die Soletherapie ist eine sinnvolle therapeutische Maßnahme, die prophylaktisch und im Rahmen der Behandlung konkret vorliegender Beschwerden angewendet werden kann. Welche Darreichungsform der Pferdebesitzer oder der Therapeut oder Trainer anwendet, hängt von den räumlichen und finanziellen Möglichkeiten ab. Im Wesentlichen bin ich in diesem Artikel auf die primäre Ausrichtung der Soletherapie eingegangen – den Atmungsapparat. Die Soletherapie hat aber auch lindernde Wirkung bei Pilzbefall der Haut, bei Ekzemen oder bei schlecht heilenden offenen Wunden.

Pferde beschäftigten **Eva Offers** (Trainerin B Westernreiten) schon, seit sie ein kleines Kind war. Mit neun durfte sie endlich anfangen zu reiten – und seitdem ließen sie Pferde nicht mehr los. Klassische Dressur, Springen – nach einigen Jahren stieg sie aufs Westernreiten um, nachdem sie mit sechzehn das erste Mal ein fein ausgebildetes Quarterhorse reiten durfte. Heute arbeitet sie unabhängig von Reitweisen und trainiert alle Rassen – dabei steht bei ihr immer das Pferd im Vordergrund. Die Solekammer auf der Butterfly Ranch in Rheinland-Pfalz, die sie mit ihrem Mann Holger betreibt, ist ein fester Bestandteil in ihrem Trainingsalltag.
www.butterflyranch.de

Buchempfehlung

TCM-Diagnostik in der Veterinärmedizin

Sichere Diagnostik und erfolgreiche Therapie für Pferd und Hund

Wissen Sie, was Mu-, Ting- und Shu-Punkte sind? Nein? Dann finden Sie in diesem Buch die Erklärung dazu und was diese Punkte in einer TCM-Diagnostik bedeuten. Stephanie Reineke lädt Pferdeinteressierte und -therapeuten ein, Ursachenforschung zu betreiben und Disharmonien nach der Traditionellen Chinesischen Medizin aufzudecken. Die TCM-Therapeutin erklärt die Grundlagen und Zusammenhänge der TCM, wie Puls- und Zungendiagnostik, und begleitet Schritt für Schritt durch die Welt der chinesischen Gesundheitslehre.

Es beginnt mit den fünf Elementen der TCM-Diagnostik: der Anamnese (die richtigen Fragen stellen), der Adspektion (richtig hinsehen), der Palpation (richtig tasten), der Olfaktion (überprüfen des Geruchs) und der Auskultation (überprüfen der Körpergeräusche). Die Diagnostik nach den acht Leitlinien (Ba Gang) innen – außen, Kälte – Hitze, Leere – Fülle, Yin – Yang bildet die Grundlage für alle anderen Methoden zur Bestimmung eines Krankheitsmusters. Wobei diese Zustände einander nicht ausschließen, sondern durchaus gleichzeitig auftreten können. Zu jedem Zustand gibt es im Buch Beispiele wie für die jeweiligen pathogenen Faktoren mit Praxistipps und Anmerkungen.

Weiter geht es mit der Diagnostik der fünf Grundsubstanzen, die die Grundfunktionen des Körpers regeln, sowie mit der Diagnose nach den sechs äußeren pathogenen Faktoren, den Bi-Syndromen (Probleme im Bewegungsapparat). Nach allen Diagnosemöglichkeiten beginnen die Techniken, mit denen die Diagnosen durchgeführt werden können. Unterlegt wird dieses Kapitel anschaulich mit vielen Beispielfotos. Anschließend wird in die fünf Wandlungsphasen (Erde, Feuer, Holz, Wasser, Metall) und deren Entsprechungen eingeführt. Jedes Kapitel wird von Listen und Tabellen mit zugeordneten Krankheitserscheinungen begleitet. In den Praxisteilen werden die Akupressurpunkte sowohl am Foto als auch textlich beschrieben. Fallbeispiele aus der Praxis der Autorin und ein Anamnesebogen bilden den Abschluss des Buches.

Fazit: Stephanie Reineke versucht Interessierte in die chinesische Denkweise einzuführen. Das Buch ist nicht nur für Therapeuten gedacht, für Laien ist es allerdings anspruchsvoll zu lesen. Es lässt jedoch durchaus von einem Pferdebesitzer zu einem angehenden Tiertherapeuten mutieren. Denn wer die Hintergründe von Fülle- und Leerezuständen und Zusammenhänge von Organleitbahnen an seinem Pferd oder Hund entdeckt und dementsprechend hinterfragt, behandelt und Erfolge sieht, will sicherlich mehr wissen. Es ist kein preisgünstiges Buch, aber es ist jeden Euro wert. Absolut empfehlenswert!

TCM-Diagnostik in der Veterinärmedizin
Sichere Diagnostik und erfolgreiche Therapie
für Pferd und Hund
von Stephanie Reineke
344 Seiten, farbige Abbildungen
Verlag Windpferd
ISBN: 978-3-86410-353-7
€ 69,00 (D)

Harrys Welt

Ich war immer der Zweite

Wenn bei uns im Stall der Husten umging, war ich nie der Erste, aber immer der Zweite. Ich hatte mal als junges Pferd eine Lungenentzündung. Vielleicht kam es daher und mein Stoffwechsel war über lange Zeit nicht der beste (sagt mein Mensch).

Den heftigsten Husten bekam ich immer im Spätwinter. Das Wetter war wahrscheinlich nur ein Faktor, das alte Heu ein anderer. Dann kam der Tierarzt, gab mir ein weißes Pulver, aber der Husten ging nicht weg. Die Dosis des weißen Pulvers wurde erhöht, auch das half nicht sehr viel.

Obwohl ich mich nicht wohlfühlte, hat mich mein Mensch geritten, draußen im Feld, meistens im Galopp, und ich hatte Mühe, genug Luft zu bekommen. Ich hustete wie wild. Es kam eine Menge Schleim aus meinen Nüstern, und hinterher ging's mir ein wenig besser.

Schließlich brachte mich mein Mensch in die Klinik. Ich war völlig verängstigt. Ich war vorher noch nie in einer Pferdeklinik. Gleich zwei Tierärzte untersuchten mich, nahmen mir Blut ab, scheuchten mich mit der Longe durch die Halle – nur meinem Menschen zuliebe habe ich das alles über mich ergehen lassen. Der stand verängstigt bis ratlos in der Ecke, weil es mir nicht so gut ging. Es tat mir gut, zu fühlen, wie er sich um mich sorgte.

Ich hörte einen Tierarzt sagen: „Wie sollen wir denn das ganze Kortison aus dem Körper bekommen?" Also kein weißes Pulver mehr. Stattdessen kaufte mein Mensch jetzt ein Inhaliergerät, das Salzwasser verdampfte. Das stülpte er mir über die Ohren und ich musste eine halbe Stunde die warmen Salznebel einatmen. Anfangs habe ich kaum Luft bekommen, aber ich spürte, wie es meiner Lunge guttat, und nach einigen Tagen lief mir schon viel weniger Schleim aus den Nüstern und ich fühlte mich freier. Mein Mensch entspannte sich auch langsam.

Als wir dann im Mai auf die Weide kamen, ging der Husten weg. Ein Jahr später war er allerdings wieder da. Im Stall hustete der Erste, und dann war ich wieder dran. Jetzt gab es kein weißes Pulver mehr, sondern gleich die Soleinhalation. Ich hatte ja schon Erfahrung mit der Plastikmaske, und das leise Summen des Inhalators hat mich auch nicht mehr aufgeregt.

Ich hatte noch andere Probleme. Mein Stoffwechsel war nicht in Ordnung. Ich bekam Fieberschübe, hatte Kotwasser. Da machte mein Mensch bei mir eine Darmsanierung, eine Futterberaterin half ihm dabei. Über den ganzen Sommer, Herbst und Winter bekam ich allerlei Futterzusätze, Pülverchen und Tabletten. Manches schmeckte widerlich, mein Mensch hat es dann mit Wohlschmeckendem vermischt. Mein Kotwasser war weg, mein Fell wurde glatt und glänzend, und mir ging es richtig gut. Mein Mensch wartete gespannt auf den Spätwinter – NEIN, kein Husten mehr. Meine Immunkräfte waren anscheinend stark genug. Jetzt war ich nicht mehr der Zweite. Gesunder Darm – gesundes Pferd!

In diesem Sinne ...

Euer Harry

Wer Fragen, Anliegen oder Wünsche hat, kann mir unter harry@naturalhorse.de eine Mail schreiben.

Kolumne

Sie möchten ein Abo ohne weitere Verpflichtungen? Dann abonnieren Sie Natural Horse jetzt!

- Lieferung frei Haus
- Jederzeit mit einer Frist von 1 Monat kündbar
- Nur 57 Euro im Jahr (für 6 Ausgaben) in Deutschland, 69 Euro in Europa
- Sie verpassen keine Ausgabe
- Sie erhalten Ihr Heft früher als im Handel erhältlich

Sie möchten Natural Horse als epaper lesen?
www.naturalhorse.de
Digital-Abo

Sie möchten Natural Horse verschenken?
www.naturalhorse.de
Geschenk-Abo

Ich möchte Natural Horse im Abo

Bitte einsenden an Natural Horse Leserservice | PressUp GmbH | Postfach 70 13 11 | D-22013 Hamburg | abo@naturalhorse.de

☐ Ich möchte Natural Horse im Abo zum jährlichen Preis (6 Ausgaben) von 57 Euro innerhalb Deutschlands. Europa 69 Euro.

☐ Ab aktueller Ausgabe
☐ Ab nächster Ausgabe
☐ Ich möchte auch gerne den Newsletter erhalten (4 Ausgaben pro Jahr). Ich bin damit einverstanden, dass die Crystal Verlag GmbH mich per Telefon oder E-Mail über interessante Angebote informiert. Ich ermächtige die Crystal Verlag GmbH, wiederkehrende Zahlungen aus diesem Abonnement von meinem Konto mittels Lastschrift einzuziehen.

Name/Vorname

Straße | Nr.

PLZ | Ort

Tel./Mail

IBAN

BIC/Bank

SEPA-Lastschriftmandat
Ich ermächtige die Crystal Verlag GmbH, Gläubiger-Identifikationsnummer DE52ZZZ00001410577, Zahlungen von meinem Konto mittels Lastschrift einzuziehen. Zugleich weise ich mein Kreditinstitut an, die von der Crystal Verlag GmbH auf mein Konto gezogenen Lastschriften einzulösen. Ich kann innerhalb von 8 Wochen, beginnend mit dem Belastungsdatum, die Erstattung des belasteten Betrages verlangen. Es gelten dabei die mit meinem Kreditinstitut vereinbarten Bedingungen. Die Mandatsreferenz wird separat mitgeteilt.
Widerrufsrecht
Die Bestellung kann innerhalb von 2 Wochen ohne Begründung widerrufen werden. Es genügt eine Mitteilung an den Natural Horse Leserservice und an die Crystal Verlag GmbH. Zur Fristwahrung gilt die rechtzeitige Absendung.

Datum/Unterschrift

Impressum

Natural Horse
Über den achtsamen Umgang mit Pferden
Friedrichsruher Weg 33
D-21465 Wentorf bei Hamburg
info@naturalhorse.de

erscheint in der Crystal Verlag GmbH
Friedrichsruher Weg 33
D-21465 Wentorf
Tel.: +49 (0)40 710 015 68
info@crystal-verlag.com

Herausgeber
Hans J. Schmidtke

Chefredaktion
Martina Kiss

Autoren dieser Ausgabe
Yve Ehler, Kirsten Fleiser, Dr. Christina Fritz, Silke Kaupp, Sandra Kitzmüller, Elke Malenke, Nadja Müller, Eva Offers, Harry Piaffe, Stephanie Reineke, Akki Schubert

Layout und Grafik
Eva Lakas Dipl. Des. (FH) | Berlin

Covermodel
Opalio, PRE-Schecke

Coverfoto
Christiane Slawik, www.slawik.com

Pressevertrieb
PressUp GmbH, 22013 Hamburg

Abonnements
Natural Horse Leserservice
PressUp GmbH
Postfach 70 13 11
22013 Hamburg
Tel.: +49 (0)40 38 6666-317
Fax: +49 (0)40 38 6666-299
abo@naturalhorse.de

Einzelhefte
Crystal Verlag GmbH
Friedrichsruher Weg 33
D-21465 Wentorf
info@naturalhorse.de

Medienberatung
Crystal Verlag GmbH
Friedrichsruher Weg 33
D-21465 Wentorf
media@crystal-verlag.com

Druck
Grafisches Centrum Cuno, Calbe

Abdruck oder Speicherung in elektronischen Medien nur nach schriftlicher Genehmigung durch den Verlag.

Natural Horse
natural_horse_pferdemagazin
Natural Horse

www.naturalhorse.de